La otra orilla

La sombra del púgil

Eduardo Berti

La sombra del púgil

Grupo Editorial Norma
www.librerianorma.com
Bogotá, Buenos Aires, Barcelona, Caracas, Guatemala,
Lima, México, Miami, Panamá, Quito, San José, San Juan,
Santiago de Chile, Santo Domingo

Berti, Eduardo, 1964-
  La sombra del púgil/Eduardo Berti. -Bogotá: Grupo Editorial Norma, 2008.
  184 p.; 22 x 14 cm (La otra orilla)

  ISBN 978-958-45-0692-4
  1. Novela argentina 2. Boxeo- Argentina -Novela I.Tít. II. Serie
A863.6 cd 21 ed.
A148196
CEP-Banco de la República-Biblioteca Luis Ángel Arango

©2008. Eduardo Berti
c/o Guillermo Schavelzon & Asoc., Agencia Literaria
info@schavelzon.com
©2008. De esta edición:
Grupo Editorial Norma
Avenida El Dorado # 90-10, Bogotá, Colombia

Diseño de colección: Jordi Martínez
Diseño de tapa e interior: Gisela Romero
Fotografía de tapa: Alfonso Pérez Acosta

Impreso en Colombia
Printed in Colombia
Impreso en Nomos impresores
Primera edición: marzo de 2008
CC: 26000215
ISBN: 978-958-45-0692-4

Prohibida la reproducción total o parcial por
cualquier medio sin permiso escrito de la editorial

A Mariel.
A Ulises Berti y a su abuelo Mario.
A la memoria de mis tías: Nelly y Sara.

"Toda familia, cuando acaba de dispersarse, conserva un símbolo que siempre, en adelante, evocará para sus miembros la noción de hogar."
Rumer Godden, *The River*

"Nunca me hablaste de tu infancia (…), le dijo Max una noche mientras se desvestían para acostarse. ¿Por qué empezar justo ahora? No te rejuvenece, sino al revés."
Anita Brookner, *Family and Friends*

I

Corría el año setenta y seis, o a lo sumo el setenta y siete, y por entonces en casa de nuestras tías había un reloj con forma de catedral que no andaba nunca o casi nunca y que, sin ser muy grande en sí, era objetivamente grande para la mesa baja de madera y vidrio en que se hallaba y era también algo suntuoso para la habitación, o sea el oscuro comedor de aire asfixiante, donde entre muebles y adornos de escaso o nulo valor y de escaso o nulo interés ese reloj enseguida sobresalía como lo único atractivo, al menos para nuestros ojos infantiles.

El comedor con el reloj marcaba el centro de una casa, o más bien de un departamento, que si hubiese que dibujar como los planos que trazan los arquitectos, habría primero que dibujar un cuadrado y después, a la izquierda, un cuadrado casi igual aunque un poco menor y después, a la derecha, otro cuadrado casi igual aunque mayor y después, encima, uno más, el último cuadrado, algo más ancho, dividido en dos rectángulos que eran el baño y la diminuta cocina, mientras que los cuadrados a ambos lados del primer cuadrado eran los dormitorios de nuestras dos tías, que se llamaban tía Berta y tía

Aurelia, y la tía Aurelia tenía su cuarto a la izquierda, vale decir que la tía Berta tenía su cuarto a la derecha.

Aurelia y Berta eran hermanas de mamá, que en cuestión de edad era la hermana del medio y que no sólo había sido la única de ellas en casarse, sino también la única en tener descendencia: los tres hijos varones que éramos nosotros, como para equilibrar la situación.

Las tías habitaban la casa desde hacía dos décadas. Desde el cincuenta y cuatro hasta el sesenta y tres habían vivido allí en compañía de su madre, nuestra abuela. En dicha época tía Aurelia era ya dueña de una habitación entera, mientras que tía Berta debía compartirla con nuestra abuela, aunque ello sucedió bastante antes de que naciéramos, porque la única abuela viva promediando los setenta era la madre de papá, es decir que por un lado estaba la abuela muerta y por el otro la viva, y era imposible confundirse, imposible cuando en casa de la viva no había reloj comparable, y más aún cuando a la viva la veíamos muy poco y nos trataba no digamos con desdén pero sí con desinterés o con frialdad, al contrario de nuestras tías que se alborozaban al recibirnos y nos colmaban de besos y de carmín y de obsequios que, según la tradición que ellas habían logrado imponer, eran caramelos o chicles o exquisitos bombones de chocolate con dulce de leche.

No teníamos cómo saberlo, porque ni mamá ni papá nos lo habían revelado aún, pero en verdad nuestras dos tías, tan simpáticas con nosotros y tan educadas con nuestros padres, por no decir con el mundo en general, no se hablaban entre ellas desde hacía rato. No se hablaban desde el año sesenta y ocho o desde el sesenta y nueve, ya que estaban muy peleadas y sólo se dirigían las palabras indispensables, de ahí que nuestra visita usual o la inusual visita de algunos otros fuese la única vía que hallaban para salir del silencio y para sacarse de encima todas las frases que iban acumulando por no hablarse casi nunca. Pero también era este el medio para comunicarse de manera indirecta entre ellas, con la ayuda de terceros, si bien en ese instante lo ignorábamos y no podíamos sentir pena ni concebir que en los días siguientes a cada visita nuestra, de nosotros y nuestros padres, las tías quedaban cara a cara, enmudecidas, un poco como dos personas que hablasen idiomas diferentes, lejanos, y de buenas a primeras se viesen sin traductor, aun cuando en el caso de las dos personas de este ejemplo no necesariamente se llevan tan mal como era el estado de cosas entre Berta y Aurelia, que, años después supimos, se odiaban o algo parecido.

Visitábamos a nuestras tías los sábados por la tarde después de haber almorzado. A menudo nuestro padre protestaba porque, si bien ellas lo trataban y servían como a un señor, como al señor que no tenían en su casa, en el fondo él se aburría con esas conversaciones, puesto que los temas tocados eran más que nada banales pero el modo de hablar era complicado, o esto nos parecía a nosotros mientras jugábamos aparte, a la izquierda, en la habitación de tía Aurelia, que contaba con una inmensa alfombra blanca peluda sobre la cual nos encantaba revolcarnos porque nos daba cosquillas hasta hacernos prácticamente reír.

A la larga esos sábados papá se ponía de pie, se enfundaba el corto abrigo imitación de pelo de camello "sin jorobas", él bromeaba, y salía a pasear por el barrio o iba a su club tan querido y nos dejaba a solas con mamá y las tías. Decía papá que iba a dar una vuelta, así decía pero las vueltas eran muchas, en plural, las vueltas de un camello perdido en un vasto desierto, porque muy pocas veces papá regresaba antes de la caída del sol. Y desde luego que las tías, tan ocupadas en hablar con su hermana, que era el nexo, la traductora, no prestaban atención a cómo el tiempo iba corriendo, a cómo los dedos de las sombras reptaban, se alargaban con presteza por esos muros sedientos de nuevas manos de pintura, y tampoco el reloj podía socorrerlas ya que la amplia mayoría de los sábados se revelaba dormido, las agujas endurecidas, algunos dirían congeladas.

A quienes en cambio se les hacía interminable la espera, hasta que papá retornaba, era a nosotros, que, por muchas golosinas y regalos recibidos y por mucho que nos gustara rodar sobre la inmensa alfombra blanca y peluda de tía Aurelia, que venía a ser como el jardín de ese árido hogar en que las plantas brillaban por su ausencia, a partir de cierto momento nos aburríamos también. En ese instante, con rara puntualidad, empezaba a llegar la voz perentoria con los rezongos y las súplicas de mamá. A ella la ponía nerviosa que diésemos saltos en la cama siempre blanda de Aurelia y la ponía no menos nerviosa que abriéramos ese armario lleno de ropa de mujer no exactamente vieja, pero sí impregnada de un perfume rancio y de mujer vieja. "No hay que andar espiando las pertenencias ajenas", refunfuñaba por más que tía Aurelia gritase sin moverse de su asiento que "no importa, ya que no tengo nada escondido ahí". Pero a mamá lo que en definitiva la sacaba de quicio era cuando nos poníamos a jugar con el gran reloj o cuando alguno de nosotros, si el reloj estaba quieto, como solía ser lo usual, metía los dedos pequeños más allá de lo autorizado y movía las agujas, "las manecillas" les decía mamá, a fin de ponerlo en una hora que al minuto era falaz o, mucho peor, cuando en voz alta lo llamábamos "el reloj catedral", porque según mamá las tías, en primer lugar la tía Berta, se ofendían si empleábamos en nuestros juegos la palabra catedral, porque según mamá las tías, en primer lugar la tía Berta, eran muy religiosas y, peleadas y todo, sin hablarse y todo, cada domingo sin falta concurrían juntas a la iglesia, lloviera a cántaros o reinara el frío más insostenible, y después se recogían porque era el día del señor, sobre todo la tía Berta, que parecía haber remolcado a Aurelia contra su voluntad hasta la casa de Dios, por eso mismo el día indicado para visitarlas era el sábado y en ningún caso el domingo, enfatizaba mamá.

Mamá quería a nuestras tías a pesar de sus defectos y a pesar de que a menudo Aurelia le pedía un dinero prestado que jamás le reintegraba, si bien mamá después le informaba a papá que ya había sido devuelto.

A veces, algunos miércoles, nuestra tía Aurelia venía a casa. Pero era diferente de nuestras visitas de los sábados, puesto que ella se aparecía con inconstancia, siempre temprano en la tarde, a una hora en que no estábamos ni papá ni nosotros, y por lo tanto Aurelia y mamá podían instalarse a sus anchas, en dos de los tres sillones individuales de blanda cuerina castaña del salón, a intercambiar confidencias, a tomar té (la tía Aurelia adoraba el té) y a compartir, por qué no, lo que muchos llaman secretos de mujeres.

Años después supimos, eso sí, que si Aurelia iba entre semana al encuentro de mamá era con la esperanza tal vez de que Berta, que estaba un tanto avejentada pese a que no había cumplido los sesenta (y que salía muy poco, salvo los domingos a la misa y salvo para trabajar, si vale en su caso este verbo), se mordiera las uñas de envidia imaginando que su hermana menor tenía alguna aventura oculta, entiéndase un amor oculto, y el asunto es que al no haber entre ellas diálogo posible esto no podía Berta preguntárselo, por más que en el fondo se muriera de intriga.

Mamá contaba que tía Aurelia se llamaba así debido a que su padre, nuestro abuelo, uno de los abuelos muertos porque no había ninguno vivo en este rubro, se había propuesto que al cabo de dos mujeres vendría por fin el hijo varón, al que le pondría Aurelio y punto, salvo que cuando nació la tercera hija, de altanero o de enojado o de inflexible y de poco imaginativo, cambió la letra "o" final por la letra "a" y, dieciocho años después, murió sin haber engendrado aquel varón que él anhelaba y sin llegar a ver cómo su hija del medio se ponía de novia y se casaba tan sólo por civil, porque la iglesia no había metido aún la cola en la familia, y cómo después engendraba esos varones que a él se le habían en su tiempo atragantado, un poco como las palabras no dichas por nuestras tías.

Con la muerte de nuestro abuelo, en el año cincuenta y cuatro, a nuestra abuela, a nuestras tías y a mamá les tocó descubrir que el viejo dejaba deudas cuantiosas por culpa de un craso error en alguno de sus negocios como exportador de ingredientes y de enseres para la industria alimentaria. Puede que el pobre, en rigor, muriera de eso más que de pena por no haber tenido hijos. Lo concreto es que para pagar las deudas debió liquidarse la empresa familiar, cuyo nombre era Hernández, al igual que el apellido del abuelo y de las tías, y como no alcanzó con ello debió venderse o digamos malvenderse acto seguido, todavía en el cincuenta y cuatro, la casona en que la familia vivía desde el año dieciocho, y así mamá, que toda la vida fue la oveja negra de los Hernández, mamá aprovechó los cambios en danza y se marchó no lejos en el mismo barrio a vivir sola, cosa rara para una mujer de apenas veinticinco, ya que estábamos a mediados de los años cincuenta, y en el ínterin las otras tres mujeres se mudaron tampoco lejos, también en el mismo barrio, se mudaron a ese tercer piso hecho de cuadrados y más cuadrados, no sin antes vender todas o casi todas las reliquias que atesoraba la familia, como un óleo de un pintor que había tenido su cuarto de hora y unos muebles de roble todavía nuevos y un jarrón chino con el dibujo horizontal de un dragón y una máquina de escribir marca Remington y una colección de monedas antiguas, pasatiempo del abuelo... En suma, todos los objetos salvo el reloj que parecía una catedral se vendieron, todos salvo ese reloj que era el regalo de bodas que el abuelo, allá por el dieciocho, le había hecho a nuestra abuela, veinte años menor que él. Y la abuela, recién viuda allá por el cincuenta y cuatro, dijo con voz dolorida que desprenderse del reloj habría equivalido a quedar viuda por segunda vez, así que nadie tuvo el coraje de arrancárselo o de ponerlo en venta, mucho menos cuando todas las deudas, según explicó mamá, habían sido ya saldadas.

Que ese reloj hubiera andado tiempo atrás nos parecía a nosotros tres tan impensable como cuando la abuela viva, aunque encorvada y temblorosa, nos contaba que en su infancia no existía la televisión o que en su escuela los varones no estudiaban al lado de las mujeres porque había escuelas separadas. A nosotros nos parecía que esto la abuela viva se lo inventaba deseosa de impresionarnos y de burlarse un poco de nuestra ignorancia o de nuestra credulidad. No faltaba ocasión en que uno se irritara y dijera: "Mentira, abuela, eso no puede ser verdad". Pero el reloj de la abuela muerta, ese había andado en su lejano momento, y llegó el día en que vimos que andaba de nuevo, aunque de modo algo incierto: según Aurelia cuando a él se le antojaba, como imbuido de una iniciativa humana; según Berta cuando la voluntad de Dios, "laberinto misterioso", lo disponía.

La historia no era tan fantástica, averiguamos después. La historia era que a ese reloj había que darle cuerda una vez por semana, aparte de que se trataba de un modelo poco usual y antiguo y encima importado, y que para colmo, al morir la abuela muerta, allá en el sesenta y tres, de la casa de nuestras tías se había evaporado la llave destinada a darle cuerda, como una mascota que expira con su amo. Tal vez mamá estaba en lo cierto al sospechar que, sin querer, a nuestra abuela la habían enterrado con la llave a cuestas. Para eso se basaba en que ella siempre había guardado la llave, con celo, en algún pliegue o bolsillo de sus vestidos floreados y a nadie había dejado acercarse al reloj, menos que menos para darle cuerda.

Con todo, no tenía sentido y habría sido de mal gusto desenterrar a la muerta para que el emblema de su amor por nuestro abuelo continuara con vida, así que en síntesis la llave resultó como irremplazable porque, al ser viejo e importado ese reloj, nuestras tías no lograron dar con una llave sustituta. Ni siquiera remediaron el problema tres o cuatro cerrajeros que acudieron e intentaron hacer de cero otra llave. Y cuando por fin surgió uno capaz de lidiar con el caso, pidió una suma tan alta, es más, tan astronómica, que las tres hermanas dijeron: "Está loco" y no volvieron a saber de él, y puede que Berta y Aurelia dejaran de hablarse por esto, culpándose mutuamente de no haber prestado atención antes de inhumar a la abuela aunque, según mamá sostuvo años después, su enemistad no debía ni podía explicarse de ese modo.

La cosa es que el reloj llevaba sin andar más o menos trece años cuando tía Aurelia entabló charla, a pocos pasos de su hogar, con cierto hombre de ocupación cerrajero o relojero, o las dos profesiones juntas si es que tal hecho es posible, y este hombre, llamado Justino, este hombre le dijo que la llave que hacía falta él la tenía y que, en caso de no tenerla, la encontraría cuanto antes. No había cerradura que se le resistiera y ese reloj no iba a ser justo la excepción, menos aún estando envuelta en el asunto la tía Aurelia ya que, según mamá dedujo apenas oír el relato de su hermana, al tal Justino le gustaba o le interesaba Aurelia.

Muy pronto Aurelia le contó a mamá que Justino era un sujeto fornido, cuelludo y de manos anchas, un sujeto que vivía a solas como ella y también como tía Berta, sólo que no por soltero y sí por viudo. El dato conmovió a mamá como si ser viudo hablara mejor de un hombre que haberse quedado soltero. Entonces, violando el silencio que había exigido su hermana, llegó a deslizarle a papá: "Pienso que Aurelia se enamoró o se nos está enamorando", pero guardándose de pronunciar el nombre de Justino todavía.

Lo más notable es que esto, que podría pensarse que ocurrió en contadísimas semanas, con esa especie de urgencia de todo enamoramiento, nosotros luego supimos que ocurrió muy muy despacio, a lo largo de varios meses timoratos, entre el setenta y seis y el setenta y ocho, como mucho, al punto que la historia entera llegó a coincidir con las visitas nuestras de cada sábado y hasta con nuestras travesuras de pegar saltos y saltos, más y más irrefrenables, en la cama por lo común tan sin saltos de tía Aurelia.

En aquel tiempo, pautado por las visitas de los sábados y no menos por las misas de los domingos, celebradas por un cierto padre Otero, el equivalente a un Papa en nuestro barrio, tía Aurelia pasaba a diario, como quien va de procesión, ante la fachada de la relojería-cerrajería. Y sin embargo no osaba contarle a Berta que un tal Justino decía detentar esa llave faltante, no sólo porque no se hablaban, sino porque, aun de hacérselo saber por medio de mamá, antes tendría que explicarle quién era Justino a Berta, nada menos que a tía Berta, a cuyos ojos los hombres, salvo el abuelo y haciendo un esfuerzo heroico nuestro padre, eran unos sinvergüenzas. Y lo más grave es que a Aurelia le gustaba un poco Justino, o le gustaba más que un poco, de ahí que cuando, bastante avanzada la historia, puede que en el setenta y siete, Justino la detuvo en medio de la calle y hasta la aferró del brazo con una de sus firmes manos para decirle que, si ella no traía ese reloj pesado, él se ofrecía a recogerlo, nuestra tía Aurelia tragó en seco como contagiada de la mojigatería de Berta y por un minuto no supo reaccionar, inerme casi, para responder que iba a consultar a su hermana mayor, eso le dijo, porque su hermana se encontraba enferma, mintió, y porque su hermana era poco y nada afecta a los intrusos, y lo último no constituía mentira alguna.

Tía Aurelia, la menor de las tres hermanas Hernández, era sumamente menor que la tía Berta porque era siete años más joven que mamá, a su vez nueve años más joven que Berta.

Según mamá, nuestros abuelos habían abordado la paternidad con mucha calma, haciendo pausas importantes entre una y otra hija, pausas dignas de dos que hubieran olvidado cómo se hacen los hijos, era la broma repetida por papá. Pero mamá, a la defensiva, entregaba otra explicación: nuestro abuelo había estudiado a varias familias con hijos nacidos uno tras otro y sacado la conclusión discutible de que "conviene alumbrar un segundo hijo sólo cuando el primero tiene edad de colaborar con la crianza o, por lo menos, edad de no molestar con sus berrinches".

Esto había pasado en la rama materna de la familia entre la venida al mundo de Berta y la de sus dos hermanas, aunque es cierto que en su teoría y su posterior aplicación nuestro abuelo había exagerado y ahora Berta era una especie de madre sustituta de Aurelia, o acaso una madre a secas, sin la palabra especie ni la palabra sustituta, que para peor suena fea, y mamá entre medio no era ni madre ni hija de ninguna (quizá por eso llegó a formar familia por cuenta propia), y de igual modo que mamá decía: "No salten en la cama y no jueguen con el reloj", así o prácticamente así Berta le había ordenado a Aurelia, a partir de la muerte de nuestra abuela: "No hagas esto ni lo otro" y la había arrastrado a la iglesia para que cada domingo el padre Otero también dijese: "No hagas esto ni lo otro", arrastrado de la forma en que un policía arresta a un preso, y Aurelia había acatado a veces ofuscada, otras incluso enfurecida, había inclinado su frente diciendo "sí", durante años y años "sí", hasta que había dejado de hablarse con su hermana mayor.

Como confidente que era de la tía Aurelia y como hermana que era de ella en lugar de madre, del mismo modo que era hermana de tía Berta en lugar de hija, mamá supo de la existencia de Justino antes que Berta u otro Hernández. "No sé cómo hablar con Berta de ese hombre", titubeaba la tía Aurelia. Pero era fácil, no obstante. Porque Aurelia debía obtener, argüía mamá, que Justino le cediese la llavecita o una copia, y el obsequio no sólo pondría en marcha el reloj catedral sino que al hacerlo abriría, cual llave que era, el corazón de la tía Berta. Por el contrario, si Justino penetraba en la casa de nuestras tías en carácter de relojero o cerrajero, sería muy complicado que después tía Berta lo observara de otro modo.

Llegado a este punto, no obstante, y para asombro de mamá, Justino se negó a entregar esa llave tan codiciada por las dos, por las tres hermanas Hernández, a lo que Aurelia razonó con humor algo concluyente que él se aferraba a ella de forma poco y nada caballeresca. "Teme que, una vez con la llave, yo pierda interés en él", juzgaba por esos días y, si bien no se ofendió, se frustró bastante y, como paliativo para el dolor, decretó que no deseaba favor de Justino ni de ningún otro hombre. A su edad la suerte estaba echada en materia de amor, meditaba aunque tenía sólo cuarenta y aunque estos hechos ocurrirían muy despacio, con largas pausas entre uno y el siguiente, largas pausas comparables a las de nuestros abuelos al parir a Berta y a mamá y a Aurelia.

Mamá conocía a la perfección a tía Aurelia, lo que no significa que no conociera a Berta. Sin embargo con Aurelia era distinto, tenía ella la impresión: porque la había visto nacer, berrear y gatear, creía conocerla completa, mientras que a tía Berta la conocía empezada, así decía, como una película iniciada hace rato, no mucho como para perder todo el hilo, pero sí lo necesario para que, siempre y hasta el fin, quede la ligera duda de si hemos perdido, quién sabe, un detalle valioso que podría alterar toda nuestra apreciación.

Mamá conocía tanto a Aurelia, que no le sorprendió que se ofendiera y hasta la culpara por haberle dado un mal consejo, un consejo tan nocivo que había echado a perder su vago vínculo con Justino, que ahora no la saludaba y que según tía Aurelia se hacía el ofendido, si no lo estaba de verdad, y en consecuencia la veía desfilar ante su negocio y desviaba la mirada y no le dirigía una palabra, el muy bruto.

Pero mamá sabía también que a la tía Aurelia el malhumor solía pasársele deprisa o, puestos a ser exactos, que esta reacción no excedía los cinco días y que, al cabo de ese tiempo, tendría a tía Aurelia de regreso en nuestra casa, con actitud conciliadora, y que, fiel a sí misma, Aurelia acabaría, acaramelando la voz, solicitándole un dinero, como no había vez que no hiciera, sólo que tras una disputa de esa talla (que en esencia no era disputa, porque mamá no intervenía ni dejaba de intervenir), como expiando un molesto remordimiento nuestra tía siempre se refregaba las manos, se aclaraba la garganta y pedía una suma inferior que encarnaba para mamá, y para nuestro padre por añadidura, una rebaja de un diez o un quince por ciento.

Todo esto no le causaba la menor sorpresa a mamá, como tampoco se sorprendía cuando, después de oír cómo Aurelia se extralimitaba en atacar y en demoler a Berta, ella se permitía deslizar una observación adversa para apuntalar lo enunciado, y aquí la misma Aurelia, que en teoría no soportaba ni le hablaba a su hermana mayor, la misma Aurelia incomprensiblemente se erguía en el sillón y, apuntándole con su mentón huesudo, salía a defender a la desvalida Berta de la calumnia que ¡horror! había proferirido mamá.

II

La historia del reloj y de nuestras dos tías habría estado predestinada al olvido, o al semiolvido, si el tal Justino, relojero y cerrajero, no se hubiese revelado de improviso, cuando menos lo esperábamos, como un personaje atractivo.

La realidad es que papá, por esas coincidencias que tiene la vida, también conocía a Justino. Ambos iban a un mismo club, un club atlético de aquellos para practicar deportes y gimnasia, si bien papá y otros lo empleaban como un mero club social últimamente, como un selecto sustituto del cafetín de la esquina.

Papá concurría desde su más tierna infancia a dicho club, había nadado y hecho pesas y deportes como la paleta allá, pero desde el setenta y cinco o como máximo desde el setenta y seis no había quien lo convenciera de ponerse la indumentaria deportiva, tarea imposible, tanto es así que él se limitaba a frecuentar el café (exclusivo para socios, visto que no podía accederse a sus mesas desde la calle) y a conversar con otros socios aún más sedentarios que él.

Fue ahí mismo, en el café del club, donde papá empezó a tratar al robusto y locuaz Justino, apenas divisado de lejos en su pasado como socio activo.

No bien mamá supo que papá tenía acceso a un tal Justino, que era el mismo con quien trataba tía Aurelia, se mordió la lengua para no contarnos que su hermana menor estaba enamorada, o algo semejante, de ese individuo. Si no lo hizo fue, creemos, porque se había hartado de inmiscuirse en los asuntos de Aurelia y de no recibir a cambio sino rezongos, reproches y desplantes de rencor, pero muy pronto al tal Justino le constó que nuestro padre era el marido de la hermana de la dueña del reloj cuya llave tenía él o prometía conseguir él, y en consecuencia su actitud dejó de ser la prudente indiferencia de los pasillos, ya que empezó a rondar a papá, a cambiar con él unas frases, y al principio, dos o tres veces, no sabiendo qué decirle ni cómo romper el hielo, llegó a preguntarle la hora, lo cual en cierta forma es paradójico tratándose de un relojero, salvo que Justino en el fondo tuviera más de cerrajero que de lo otro.

A decir la pura verdad, hasta nosotros conocíamos a Justino. Lo conocíamos de vista, de igual modo que al zapatero o al quiosquero o al sastre o al panadero, en fin, a los comerciantes congregados a lo largo de la avenida premiada o castigada con el apellido de un prócer, sólo que hasta ese momento él no había representado más que un comerciante común y silvestre para nosotros, que no sabíamos de su historia con Aurelia, caso contrario lo habríamos observado de otra manera. Y era normal que no supiéramos nada, porque allá por el setenta y seis, cuando papá empezó a codearse con Justino, teníamos nueve y once y trece años apenas, ya que nacimos uno después del otro, sin mayores intervalos, y la evidencia es que mamá solía exagerar afirmando que había parido "en tres cuotas un solo hijo", nada más distante del caso de la abuela con mamá y con nuestras tías.

Incluso dándole vueltas al asunto, años después no entendíamos por qué era tan complicado arreglar el reloj catedral y, menos aún, cómo las tías lograban hacer de cuenta que este no existía ni era digno de mención.

Podrá decírsenos que hay quienes no saben vivir sin reloj, sin tener noción de la hora, así como hay quienes lo logran y se sienten aun aliviados por ello. De ser así, Berta y Aurelia correspondían al segundo grupo, más cuando el que no funcionaba no era un reloj como tantos, sino el único existente en ese hogar. Es que nuestras tías no poseían siquiera un reloj pulsera y lo más campantes decían que "para saber la hora basta y sobra con el ciento trece", o sea el número telefónico en que una voz femenina, la más impersonal de todas, se dedicaba a recitar: "Son las quince horas, nueve minutos y diez segundos", y al menor de nosotros no había forma de explicarle que la mujer no estaba ahí, que la voz provenía de un disco, o de un laborioso sistema de discos, y que por lo tanto era en vano que él soltara: "Gracias, señora de la hora" cada vez que la llamaba.

Lo importante es que, a todo esto, nosotros vimos al comienzo, allá por el setenta y seis, que el reloj no funcionaba, pero a partir del setenta y siete, meses más o meses menos, vimos que se largaba a andar o demostraba haber andado un poco en los días precedentes. Lo notábamos dado que las agujas, las dichosas «manecillas», no estaban en el sitio donde las habíamos dejado el sábado previo, y aunque ello no probaba que el reloj se hubiese puesto en marcha, porque quizá lo acontecido era tan simple como que una de las tías (o, con mayor probabilidad, la muchacha que los jueves iba a hacerles la limpieza) había movido las agujas al pasar una franela, en su defecto no cabían dudas cuando ante nuestros ojos infantiles, si bien muy muy raramente, el reloj se exhibía vivo, y algo nos hacía sospechar que en el fondo el asunto no era tan simple como lo pintaban las tías. Mentira que el reloj andaba cuando le venían las ganas a él o a Dios, pensábamos. Un factor terrenal y no tan arbitrario tenía que ponerlo a andar: un factor que entonces se nos escapaba.

El reloj catedral nos había cautivado desde siempre, aun cuando ninguno jamás pudo recordar las primeras visitas a la casa de nuestras tías, ritual que muy bien se podría calificar de inmemorial.

Lo que en cambio siempre pudimos recordar con nitidez fue la primera ocasión en que el reloj se nos apareció como una criatura viva. Esto se remonta a una tarde, quizá del setenta y seis, en que el menor de nosotros quedó enganchado de una manga, como si el reloj lo aferrase impidiéndole escapar, atrayéndolo con fuerza amenazante.

Para entender mejor la escena y nuestras sensaciones del momento, convendría decir del reloj que poseía un péndulo enorme como una corbata muy larga, que era barroco y tenía forma más de catedral que de capilla, con inscrustaciones de oro o quizá sólo doradas, brazos o ramas de acero negro con abundantes muescas, con arabescos salientes y unas volutas muy en punta, en las que era demasiado fácil engancharse la ropa, de ahí que lo sensato habría sido que el reloj nos hubiese tomado del brazo a los tres, no sólo a uno, y que nos hubiese tomado del brazo no una vez sola, sino muchas. Luego el reloj tenía una esfera menos blanca que amarilleada, con sólo cuatro horas en números romanos (III, VI, IX, XII), unos números estilizados y negros, y la esfera poseía un cristal no transparente del todo que se abría o se cerraba como una tapa y, para terminar, debajo de la esfera se encontraba, un tanto semejante a los tanques de nafta, el hueco de la cerradura donde no había más que insertar la llave a fin de darle cuerda.

A nosotros, las pocas veces que andaba, el reloj nos dejaba mudos de sorpresa y éramos incapaces de explicárnoslo, porque entendíamos poco y nada de la vida alrededor. No entendíamos bien, por cierto, que ese hombre gordo y de nariz chata y de brazos musculosos pero también algo rollizos, que atendía la cerrajería que en simultáneo era un poco relojería, o viceversa, no entendíamos que ese hombre era el mismo del que nuestro padre estaba haciéndose amigo en el club, a tal punto que cada noche al dar la hora de la cena nos contaba a todos, incluida mamá, algo más sobre su persona y su vida. Y mucho menos entendíamos que esos dos hombres eran tres, puesto que aquel comerciante de nariz chata que veíamos y aquel nuevo amigo de papá eran ambos, además, el hombre que por esa fecha asediaba a la tía Aurelia, según Aurelia a la sazón iba contándoselo a mamá. No obstante, cómo entender esto, si mamá ocultaba el contenido de sus charlas con su hermana menor o apenas se dignaba a confiarle parte de ello a papá.

Desde mucho tiempo atrás, desde incluso antes de conocer a mamá, papá había trabajado como archivista y bibliotecario, y aun cuando de muy joven había albergado la fantasía de escribir libros, en fin, de ser escritor, ahora no sólo había abandonado este sueño sino que tampoco leía, quitando las noticias en los matutinos o las frondosas montañas de papeles, los tenaces expedientes que le invadían como una maleza la mesa de trabajo, no leía nada que se pudiese tildar de novelesco, como si la desilusión con las labores literarias hubiese tenido en su caso que ser así de categórica.

Esto no impedía que a ratos, en la mitad de las cenas, se largara a detallar oralmente los cuentos que nunca iría a escribir. Su fantasía era como mínimo asombrosa. Y nosotros, lo más importante de todo, quedábamos atrapados, viendo cómo los anteojos se deslizaban en procura de la punta algo gruesa de su nariz al mismo tiempo que su historia progresaba, se deslizaba en pos de un rotundo final.

Lo que nos contaba papá por las noches, a la hora de la cena, obstinado en mover las manos casi como un titiritero sobre el elegante mantel de hilo blanco, era motivo de placer y encantamiento pero también de posteriores discusiones. Papá tenía una maestría curiosa para narrar hasta el episodio más anodino. Acaso la maestría radicaba en cómo gesticulaba hasta hacer de los oyentes los verdaderos títeres, o acaso en cómo apenas esbozaba ciertos elementos, es decir que adrede dejaba zonas fuera de foco o medio tenebrosas. Horas más tarde, en la habitación que los tres compartíamos pese a que no era gigantesca, y aun cuando la luz estuviera ya apagada, continuábamos debatiendo innumerables detalles que cada cual había imaginado o completado de manera no opuesta pero sí un poco distinta.

Una vez papá nos contó la historia de un hombre anciano con recuerdos tan remotos que le costaba evocarlos a menos que se calzara un viejo y gastado sombrero, único objeto antiguo que había conservado, y que él nos describió de manera sucinta, y este sombrero el viejo lo cuidaba mucho y lo quería mucho también, como si hubiera sobrevivido a un incendio, por no decir un naufragio, y en la historia de papá era cuestión de que el viejo echara mano a ese sombrero para que los recuerdos por fin aflorasen, volviesen a su cabeza.

Otra vez contó de un hombre que había puesto en venta su hogar, que él nos describió sin detalles, y en la historia el hombre notaba que la ventana principal nunca exhibía igual paisaje, que lo afeaba o mejoraba según el comprador de turno, pero por más que aplaudíamos el ingenio de papá no pescábamos el juego de palabras entre «venta» y «ventana», por ejemplo, ni advertíamos mucho menos que en las historias de papá, en todas y cada una de ellas, había casi siempre un objeto que cobraba vida a la primera ocasión, hasta poseer rasgos o atributos humanos.

Tal vez por eso nos llamó intuitivamente la atención cuando papá se largó a contarnos de su amigo del club, dado que la historia no cumplía con ninguna característica usual: no incluía un objeto mágico ni se narraba en una noche, en cambio avanzaba ambiciosa como un río de muchos brazos, de mil brazos que se entrecruzan, y en la historia el personaje no era un hombre o un viejo o una mujer a secas, sino que era un hombre gordo y cuelludo, de nariz chata y de brazos musculosos, aunque algo rollizos también, que se llamaba Justino y que era de carne y hueso, no un personaje inventado, porque antes de ser relojero-cerrajero y de conocer a papá, Justino había boxeado durante quince años, si no más, sin fracasar del todo pero sin llegar a campeón ni a destacarse, lo que lo volvía un aceptable o un mediocre boxeador profesional.

Por nuestra condición social y por nuestra educación nosotros nunca habíamos conocido a ningún boxeador. Mamá opinaba sin más que el boxeo era "oficio de brutos" y, evitando contradecirla aunque frunciendo los labios, papá acotaba que un boxeador es un hombre de coraje que en muchos casos no tuvo otra forma de ganarse el pan, pero a la par nos decía que su amigo del club no era bruto, lejos de eso, y que si bien provenía de un hogar humilde, no provenía de una familia muy muy pobre, "mucho menos de alguna villa miseria", añadió como entre paréntesis, y esto explicaba por qué el padre de Justino, de acuerdo con lo que Justino le confió a papá, había querido morirse o tal vez matarse, no es distinto en este caso, al comprender que su único hijo deseaba ser boxeador.

Acerca de esto, recalcando las palabras, mamá nos dijo que ella al padre de Justino lo entendía a la perfección, porque se ponía en su piel y para ella el pugilismo, y con pugilismo aludía al boxeo profesional, era una actividad que nadie elige en su sano juicio o de tener a mano mejores opciones, del mismo modo que nadie elige limpiar los baños públicos, pero papá volvía a arrugar la boca sin contradecirla.

Desde el primer momento a nosotros nos había entusiasmado que papá cambiara de universo y de estilo a fin de contarnos la historia del púgil, y desde el segundo momento, si es que vale la expresión, comprendimos que esta historia no contaría con el silencio atento y benigno de mamá, como era lo habitual, sino con interrupciones de su parte, quizá porque el boxeo provocaba algún malestar en ella o quizá porque al actor central del relato ella lo conocía también de esa otra historia que en paralelo iba contándole Aurelia, aunque no todas o casi todas las noches como sí lo hacía papá, sino visita tras visita de los miércoles.

Nosotros nunca habíamos visto a nuestros padres en flagrante desacuerdo salvo, por citar la excepción que jamás suele faltar, cierta noche en que él señaló que quizás era mentira que nuestras tías no se hablaban, porque a papá le resultaba inadmisible vivir con alguien que no nos escucha ni habla, de ahí que, sospechaba él, las tías en raptos de flaqueza a lo mejor se hartaban y emitían por fin unas palabras. Pero mamá le aseguró: "No, ellas no se hablan en serio", ya que conocía al dedillo a sus hermanas, o al dedillo a la tía Aurelia y casi al dedillo a tía Berta, y mamá ponía "las manos en el fuego" por lo veraz de esta pelea, y entonces por primera vez habíamos visto nosotros en boca de papá esa mueca que con frecuencia le arrugaría los labios e incluso el resto de la cara, hasta torcerle un poco los anteojos.

El mantel sobre el cual papá iba desplegando las historias de Justino, y que más tarde evocaríamos como la pantalla de un cine, era un mantel todo blanco de hilo bordado y había sido, al igual que el reloj catedral, un fino regalo de bodas, el regalo hecho por la abuela y las dos tías, en el año cincuenta y nueve, a nuestros padres.

A papá le parecía mal usar a diario ese mantel, porque para usar cada noche había manteles más baratos o hasta unos plastificados que se publicitaban por televisión y por muchas otras partes, y es que papá, de ser por él, habría reservado ese mantel para las celebraciones especiales. Mamá y él ya habían debatido esta cuestión, y ella zanjaba la polémica afirmando que el mundo entero comete idéntico error, atesorando en la penumbra de un cajón algún mantel extraordinario, una vajilla costosa y puede que hasta unos cubiertos de plata para una ocasión especial, una ocasión que comúnmente no llega, mientras que ella, por su parte, había establecido que la ocasión había llegado ya, porque para mamá la ocasión era todos los días o, mejor, todos los días con sus respectivas noches.

Mamá y papá se habían casado en mayo del cincuenta y nueve, cuatro años antes de traer al mundo al mayor de nosotros y cinco años después de iniciar su noviazgo.

Mamá y papá se habían conocido a muy poco de que muriese el abuelo, el padre de nuestra madre, y a menos poco de que ella se hubiera ido de bajo el ala de la abuela o, más aún, en el instante mismo en que se estaba yendo. Su encuentro fue tan singular que papá solía evocarlo ante amigos y parientes. A todos les divertía oír que mamá había resuelto mudarse de a pie, sí, caminando, de la antigua casona familiar que acababa de venderse hasta el departamento escueto, recién comprado por ella, para ella sola, con la mitad de cuanto le había deparado la operación.

En esos tiempos mamá andaba apenada por la muerte de su padre (que al haberla engendrado con cincuenta años, y a Aurelia con cincuenta y siete, había sido un padre viejo y casi abuelo), pero no sólo andaba apenada por esto, sino porque había visto a su padre en los años previos muy desanimado, por no decir desconsolado, y ella no podía quitarse de la cabeza que a él le ocurría que deseaba volver a su Asturias natal, volver no para quedarse sino para estar un rato, pero asustadizo y prudente como era no osaba hacerlo con Franco al poder, y esto de que por culpa de Franco él moriría sin pisar de nuevo su país era duro de aceptar, más si se añade que el abuelo había mantenido un contacto estrecho con la comunidad asturiana en Buenos Aires y si se añade, asimismo, que todo el rato mencionaba a La Felguera, o sea, a su pueblo natal, y al hacerlo sus ojos despedían chispas.

Mamá le planteó alguna de estas sospechas a nuestro abuelo, y él desde luego contestó que no debía preocuparse, que si no viajaba a su tierra no era obra de un tirano, era por decisión propia. A juicio de nuestro abuelo, un viaje con este propósito era desaconsejable habiendo pasado uno afuera sesenta y pico de años, porque aunque parezca mentira era ese el tiempo transcurrido desde su remota partida, en mil ochocientos noventa, del puerto de La Coruña, con apenas once abriles. Como prueba él sostenía que muchos miembros conspicuos de las tertulias de su Círculo Asturiano habían resuelto viajar y contaban, ya de retorno, que un nudo les había obstruido la garganta al no acertar a reconocer su ciudad o incluso su casa natal. Era como si la memoria personal y la historia general, de acuerdo por una vez, hubiesen jugado sucio durante décadas.

Pero ahora que él había muerto, ahora que habían salido a la luz sus aprietos de dinero, mamá creía que ni Franco ni los del Círculo habían impedido el viaje, sino la bancarrota, porque ella estimaba que, de no haber mediado los problemas de dinero, nuestro abuelo habría emprendido su último viaje, un viaje que mamá y las tías veían no distinto a un desquite.

El viaje trunco del abuelo ratificaba, en cualquier caso, que tras el cruce oceánico de mil ochocientos noventa la rama materna había vivido sin moverse, siempre en el mismo barrio. Con decir que, efectuando su mudanza a pie, mamá perpetuaba la regla. El piso de soltera que acababa de adquirir quedaba a unos doscientos metros del departamento en que, de ahora en adelante, vivirían la abuela y las tías, y a menos de cien metros de aquella casona familiar habitada por los Hernández hasta el reciente deceso del abuelo. Todo en un radio reducido, endógeno.

Mamá efectuó unos cálculos: treinta trayectos a pie sobrarían para la mudanza, excepción hecha de la pesada heladera que viajaría después a bordo de algún flete. "Una mudanza a paso de hombre", se decía cuando advirtió que lo más complicado de cargar a solas sería el colchón, el doble colchón propiedad en el pasado de sus padres, y en el presente en sus manos, porque mamá soñaba con una cama toda para ella o tal vez no sólo para ella, y sin embargo de altanera o de poco imaginativa se mantuvo en sus trece, respiró hondamente y cargó la mullida mole repartiendo el peso por sus brazos y hombros, por su espalda y su crisma.

Papá sí que sabía narrar con gracia ese bendito instante en que, al doblar él una esquina, un colchón con pies y en perpetuo peligro de deslizarse, o sea otro objeto dotado de vida, se había atrevido a atropellarlo. Aseguraba papá con una risa contagiosa que su relación con mamá había empezado en la cama, sin más prolegómenos, porque a expensas de ese choque, que él tildaba de "encontronazo", él y ella, casi en simultáneo (primero ella por segundos, a su manera de ver), habían aterrizado en ese colchón lleno de botones que él llamaba adrede "ombligos", aterrizado ante la mirada furiosa de una anciana que pasaba por ahí.

III

No había duda de que a mamá le irritaba que papá, por las noches, sobre el mantel de hilo blanco, retomara puntualmente la historia del boxeador.

Tal vez le daba miedo que la historia antigua de Justino condujese a la historia actual que involucraba a tía Aurelia. Tal vez le daba miedo porque, a aquella altura, papá conocía de sobra los sentimientos de Aurelia mientras, en simultáneo, iba haciéndose más y más amigo de Justino. Por ser, como era, la confidente de Aurelia, mamá debía impedir que ciertas infidencias pegasen la vuelta y llegasen a oídos del interesado. No fuera a ocurrir que papá, por congraciarse con Justino, abriera la boca de más y esto jugase contra los intereses de la familia.

Aparte de esto, mamá no podía digerir que a nosotros ahora nos apasionase el boxeo, así que denodadamente hacía el intento de que nos entusiasmaran deportes menos brutales, como el tenis, por citar uno, y sería falso concluir que el plan de mamá fracasaba, porque bastaba con que ella nos obsequiase una raqueta, una de esas recién salidas a la venta y livianas como el viento y cuyo marco estaba hecho de aluminio en reemplazo de la madera, o sea que sonaba "ting" en lugar de "tong", bastaba con ese obsequio para que saliéramos los tres a jugar, no sin antes calzarnos una gruesa vincha por encima de las cejas, pero en su defecto lo que mamá no suscitaba con esa avalancha de regalos era modificar nuestros hábitos como espectadores porque, jugáramos al juego o al deporte que jugáramos, si por televisión daban una pelea (no digamos ya una de la división semipesada) ahí nos reuníamos delante de la pantalla, apretando los tres los puños, zarandeándolos sin abrirlos, como a punto de arrojar unos dados imaginarios.

Por supuesto que mamá hacía cuanto estaba a su alcance a fin de impedir esas dosis insalubres de boxeo, y por lo tanto casi sin ruborizarse nos decía que el televisor se había roto, o se adelantaba a comprar la TV Guía en el quiosco de revistas y se aplicaba a estudiarla con todo lujo de detalles para, una vez cumplida la operación, deslizar en medio de la cena que tal noche ofrecían cierto programa, y si ella nos lo prevenía tan de antemano era porque no iba a perdérselo por nada del mundo, y como en la época había un solo televisor por hogar con estas palabras mamá reservaba su turno por anticipado, igual que solía hacerlo con el peluquero cuyo local quedaba enfrente, justo enfrente del negocio de Justino, sin embargo resultaba que el "programa favorito" de mamá no era tan interesante ni favorito como ella lo pregonaba (¿no habíamos visto antes esa película con Fred Astaire?) y sobre todo resultaba, casualidad de las casualidades, que coincidía en su horario con el combate de la semana, emitido en directo por otro canal.

Las mil astucias de mamá, a quien el mayor de nosotros apodaba en estos casos "el ente censor", no llegaban a impedir que raras veces la pelea también le interesase a papá, lo que ocurría cuando boxeaban Monzón o Galíndez, por nombrar dos casos, y así tuvimos la fortuna de seguir por televisión esa pelea de Víctor Galíndez en Sudáfrica que coincidió con el día en que mataron a Ringo Bonavena en los Estados Unidos y que, digámoslo de una vez, fue la pelea más fabulosa que nos haya tocado ver, porque era ilógico que Galíndez boxeara con el rostro ensangrentado por completo, y sin embargo así lo hizo con furia nada contenida y para colmo ganó, y esa pelea la seguimos en compañía de papá e incluso, quién iba a decirlo, de mamá, que no más oír las exclamaciones de papá, de nosotros, del relator, del comentarista y hasta del público sudafricano que no cabía en su delirio y hasta de los vecinos que indudablemente estaban viendo el combate tal como medio país, si no como el país entero, no más percibir ese lío mamá acabó por unírsenos y por cerrar también los puños como adhiriéndose a una secta de hábitos extravagantes.

Por supuesto, que mamá presenciase una pelea no se repitió y conformó una excepción, algo tan milagroso como que Galíndez revirtiera la contienda. Y en el fondo, ahora que lo pensamos bien, de esa pelea recordamos más el clima general que su desarrollo preciso, recordamos menos los golpes que el detalle de la camisa blanca del árbitro, teñida toda de sangre, ensuciada de arriba abajo, porque Galíndez, a ciegas, inclinado hacia adelante, se limpiaba la cara sucia contra la camisa blanca, cuestión de apartar la sangre que le tapaba los ojos, y hasta podríamos jurar que vimos en su momento despuntar el rojo de la sangre, como una mancha indebida en la pantalla blanquinegra, lo cual no deja de metaforizar lo que ocurría entonces por fuera del televisor, difícil hoy de evocar salvo en un doliente blanco y negro.

En aquel tiempo papá trabajaba igual que antes e igual que lo haría por otros diez u once años en el Congreso de la

Nación, en el barrio de Congreso, frente a la plaza Congreso como corresponde, trabajaba en el archivo y en la biblioteca interna que era un cargo al abrigo de los vaivenes políticos, porque cambiaban los gobiernos y los hombres del gobierno y papá no, papá seguía allí en el Congreso tal como en la plaza de enfrente seguía la estatua de rigor y seguía, o incluso aumentaba, el nubarrón nervioso de palomas.

La gente cree, y no hay que culparla por ello, que el Congreso estuvo cerrado a cal y canto en los años de gobierno militar, y en cierta medida no es falso, porque no había allí ni en ningún otro lugar senadores o diputados en funciones, pero papá continuaba yendo al Congreso igual que el así llamado personal administrativo, si no acudían los echaban, o sea que el Congreso seguía abriendo y cerrando sus puertas y hasta sus múltiples ventanas en un acto casi reflejo, como un enfermo inconsciente o, peor, como esos pacientes cuyas funciones vitales, el pulso o la respiración, siguen andando con inercia de reloj.

Lo que la gente en cambio ignora, y no hay que culparla por ello, es que al Congreso iban seguido generales y almirantes y brigadieres a reunirse con ministros o empresarios o con otros militares a fin de deliberar o hasta tomar decisiones, lo que vendría a demostrar que a los dictadores que usurpan el poder no les sobra o más bien les falta imaginación, ya que acaban remedando buena parte de los gestos y los ritos y aun los lugares sagrados de esos predecesores a los que no siempre mataron, pero siempre derrocaron, como un médico enceguecido extirpa un órgano al que toma por la causa de todos los males.

La cuestión es que papá se negaba a hablarnos de su trabajo a nosotros tres (luego supimos que no sólo a nosotros), así como se negaba a hablar de la gente que se dejaba caer por el

Congreso y de lo que se resolvía oficialmente ahí, y mucho menos de lo que se resolvía extraoficialmente, ya que era mejor no saber ni repetir. Y como papá cultivaba el hermetismo, para preservarnos al decir de mamá de "los horrores de afuera", pero asimismo porque no deseaba revivir de noche lo atestiguado de día, no le quedaba otro remedio que contarnos sus historias inventadas como la del viejo y el sombrero o la de la casa en venta o, de lo contrario, historias reales como la del boxeador.

El club al que concurría papá quedaba cerca del Congreso, en camino de vuelta a casa, y casi todos los días él hacía una escala allá, entre el trabajo y su hogar. Tomando en cuenta que papá, desde hacía un rato, no practicaba deportes, la escala se limitaba al café al que concurría Justino, casi una gloria viviente para los socios porque en sus tiempos de púgil se había entrenado allí mismo.

Justino había debutado en el año cuarenta y dos como mediano, que, así precisó papá, es la categoría inferior a los setenta y cinco kilos, pero después había hecho carrera como semipesado, que es la categoría debajo de los ochenta o los ochenta y un kilos (la categoría de Galíndez), y hasta había llegado a pelear una vez en el Luna Park, a mediados de los cincuenta, en la primera pelea de una larga noche que tuvo seis peleas más, y aunque había perdido por nocaut en el primer asalto, si no en el segundo, estaba muy muy orgulloso de haber caído de rodillas en esa mítica lona y no en otra lona cualquiera. Pero todo esto, por importante que fuera, no representaba el centro de la historia, ya que papá nos hizo entender desde el vamos que la historia de Justino, la que él deseaba contarnos, se inauguraba con el último combate, y allí mamá lo interrumpió para exclamar que no tenía mayor sentido, "¿cómo va a empezar por el fin?", observó ella, pero papá no se desdijo y repitió que era así.

Nuestra educación a prueba de boxeo no impedía que hubiésemos oído, de lejos, apellidos de campeones próximos a la leyenda, como los mencionados Bonavena o Monzón o Galíndez, o también Locche o Firpo o Pérez o Accavallo, y en consecuencia papá se encargó de explicarnos que su amigo Justino había llegado a pelear no contra alguno de estos siete renombradísimos campeones, sino contra otro campeón nacional que venía a ocupar el peldaño decimosexto o vigésimo, más o menos, en un hipotético ranking de mitos locales del box. El combate había sido por demás particular dado que su amigo Justino, a la edad de treinta y seis casi para treinta y siete, había enfrentado a una promesa de veinte, es decir que entre los rivales mediaban los dieciséis años existentes entre tía Aurelia y tía Berta.

A papá le apasionaba cuanto había de simbólico en aquel combate. Para Justino se había tratado de la última pelea, del retiro definitivo, mientras que en el caso del futuro campeón había sido su bautismo profesional. Esto había tenido lugar hacía unas cuantas décadas, en el año cincuenta y siete, y contra todo cálculo (o, para ser minuciosos, contra todo cálculo actual, casi cincuenta años después y a la luz de la trayectoria posterior del debutante), el sorpresivo ganador de la pelea había sido el veterano que era como la tía Berta, no el joven que venía a ser como la tía Aurelia.

Es muy probable que el relato boxístico de papá, tan opuesto a sus fábulas colmadas de objetos vivos, resultara a ojos de mamá una suerte de estrategia aplicada con el afán de pintarnos un mundo brusco y masculino, asunto de contrarrestar nuestro universo pulcro y rebosante de tías solteronas. Es muy plausible esta teoría y es muy probable, entre otras cosas, que esto suscitara las resistencias de ella ante la historia de Justino.

Mamá sostenía, por ejemplo, que era un dislate que un veterano de tan poca monta hubiese vencido a quien después se coronaría campeón.

Sin inmutarse ante el reparo, papá exponía más detalles. La pelea, según Justino, había sido deslucida y enredada, y el jurado había entregado al fin un fallo dividido que daba vencedor por casi nada a Justino, sin duda gracias a su acopio de experiencia y al hecho de que el otro estaba nervioso con el debut y al hecho de que, a fuerza de unos cuantos golpes más sonoros que concretos, el veterano había logrado impresionar a los jurados, esos jurados que sabían que era su última pelea y que sabían quién era él en su justo valor, pero no podían saber, salvo que fuesen adivinos, quién sería el otro con el correr de los años y hasta qué punto con el correr de esos años la pelea (o, más en concreto, aquel fallo) sería un mojón esencial en la leyenda del perdedor.

Papá narraba esta historia adoptando una voz curiosa que sonaba aguda y nasal y que, más tarde comprendimos, se encargaba de imitar la voz de un relator antiguo, de un "speaker" por hablar como papá, una voz propulsada por el parlantito apretujado de una radio, y esa voz, o una parecida, fue la que le oímos casi quince años después cuando enfermó y los pulmones se le volvieron de piedra y un joven médico dientudo nos dijo que el daño era más que irreversible, y ahí fue mamá la que efectuó una mueca amarga y opinó torciendo la boca que esto era culpa del tabaco, aunque en alguna medida también culpa de papá que no había acatado al doctor y había seguido fumando.

El caso es que con esa voz, entonces no teñida de muerte ni nada similar, papá nos contó noche a noche que Justino había resuelto retirarse por su edad algo avanzada. Acababa de conocer a la que sería su esposa y jugaba con la idea de colgar muy pronto los guantes, según algunos porque ella, María Rosa, se lo había reclamado así, según otros porque había visto con sus ojos a menudo en compota cuánto sufrían las mujeres de los púgiles habituados, como él, a acusar golpes y a perder y a terminar con los ojos todos hinchados o con el rostro en un rictus diagonal, levemente comparable a la mueca de papá, más habituados a sinsabores como estos que a bajar del ring luciendo una sonrisa triunfal, así que frente a María Rosa había prometido el retiro y no se había echado atrás, por algo se consideraba una persona de palabra, y entonces no hizo como tiempo después haría nuestro padre, que prometió no fumar más y no obstante lo siguió haciendo en un principio a escondidas y, a la primera de cambio, delante de todo el mundo, con modales a menudo desafiantes.

Papá relató que Justino, tomada la medida de retirarse, había acudido a su entrenador, un tipo tuerto y todo huesos apellidado Maidana. Al enterarse, Maidana no se había asombrado ni preocupado más de lo habitual, al fin y al cabo su pupilo arañaba los treinta y siete, no obstante le dijo que estaría bien despedirse peleando por un dinero abultado, aun a riesgo de perder. "Una pelea que, por su bolsa, haga de jubilación", auguró Maidana, guiñando su solo ojo, y sin más le habló de un joven, un aficionado invicto, que buscaba (o, en verdad, el entrenador le buscaba y por ello pagaban bien) un contendiente para su primer paso profesional.

El resultado ya se sabe y pasaría a ser el momento efímero de gloria en la larga carrera de Justino. Pero entonces, esa noche en que a imagen de un estudiante se recibía de ex boxeador, mientras el árbitro le levantaba el brazo derecho que todavía llevaba en la punta un guante medio abollado y mientras parte de la gente (lejos de ser multitud) aplaudía un aplauso flojo, sin desaprobar el fallo pero más bien intuyendo el potencial del perdedor, mientras todo esto ocurría Justino ya se había aproximado al rival y le susurraba al oído que, a su modesto criterio, lo justo habría sido un empate.

Para un mundo de competencia desalmada como lo es el del boxeo, el gesto fue de una franqueza extraordinaria. El futuro campeón, no obstante, lo miró con altivez. Y, por lo que supo papá, la misma noche del combate, apenas apagadas las luces del ring, quien entrenaba al debutante exigió una pronta revancha poco menos que a los gritos.

Medio aturdido y medio triste, Justino le respondió que no era factible y hasta explicó sus razones, por más íntimas que fueran. El perdedor, sin embargo, no era de darse fácilmente por vencido, así que durante los meses posteriores Justino volvió a recibir aquel reclamo de revancha, seis o siete veces más.

Las negativas de Justino irritaban al joven púgil y a su equipo, aunque no menos a Maidana. Para el tuerto no era un lujo, pero sí casi una locura, rechazar esas ofertas que mes a mes subían un poco, como si la revancha se hubiera convertido en una burda subasta.

Tal vez porque a él le habían propuesto un pago igual de tentador en caso de persuadir a su pupilo, Maidana hizo mil y un intentos, hasta amenazó con "cambiar de bando" y entrenar al joven, pero Justino se limitó a ironizar: "Ahora queda un solo bando, el otro no pelea más".

    Casi una década después, muerto Maidana, Justino supo que, en efecto, su querido entrenador había intentado aproximarse al joven por aquellos días, en un ardid destinado no tanto a torcer la voluntad del mayor como a conseguir un empleo a las órdenes del menor. Sí, Maidana había ofrecido sus servicios, su experiencia y sus consejos porque "se había olido algo", así explicaba Justino arrugando la nariz, porque "había olido el talento del debutante", pero esto no le daba motivos de ver una traición, muy al contrario, ¿no estaba él ya retirado por ese entonces? Lo que le dolió fue que el joven rechazara los servicios de Maidana con una risa altanera, o al menos de esta forma alguien le había referido la escena.

IV

En el año setenta y siete, año en que el primogénito de nosotros tenía catorce, el del medio tenía doce y el menor tan sólo diez, en el setenta y siete vimos por primera vez que el reloj funcionaba, que se ponía a andar como si resucitara, y la fecha la recordamos muy muy bien porque en esa época Galíndez volvió a pelear con el mismo contrincante de aquel choque inolvidable, un tipo llamado Kates, y aunque la revancha fue pobre (paupérrima, en comparación con la primera), semejantes referencias son de inestimable ayuda.

A esa altura papá llevaba consagrados varios meses a su largo folletín sobre la vida de Justino, y era claro que se entretenía con pelos y señales (demorándose un año o más), puesto que a él la historia se la confiaba Justino en sus encuentros en el club, medio que con cuentagotas y según su estado de ánimo, y sólo después papá nos la repetía, pero ocurría con frecuencia que él o Justino faltaban a su cita, por el motivo que fuera, y entonces, llegada la cena, debíamos muchas veces aguardar en vano a que reanudara el relato, sobre todo porque a raíz de nuestro ferviente interés papá había dilapidado buena parte de sus recursos, vale decir que había agotado hasta los detalles más nimios, quedándose sin combustible, por recurrir a una expresión menos flagrante que afirmar que se había quedado sin cuerda, como un reloj.

Noche tras noche papá iba perfeccionando sus dotes de contador, tanto como nosotros redoblábamos la sed de oyentes, y el resultado final es que acabó narrándonos sin grandes pausas la historia, hasta llegar a cierto punto en que se detuvo más de lo acostumbrado y esto coincidió con el momento en el cual, al parecer a mediados o fines del setenta y siete, el reloj catedral puso fin a su público descanso y de nuevo, aunque con modales muy tímidos, anduvo.

Naturalmente daba gusto ver salir a papá de su rol de narrador cauto y frío para ponerse de pie y, convertido en luchador, dedicarse a lanzar jabs y ganchos y uppercuts, ficticios ya que no había nadie enfrente, pero reales en cuanto hacían silbar el aire, y daba gusto además cuando papá, sacándose los anteojos y endureciendo la mandíbula, imitaba a Justino, sólo que esto no acontecía todas las veces, apenas cuando abandonaba aquella aguda voz nasal. Y así como papá pasaba en estos casos de "speaker" o contador a boxeador o casi actor, también le sucedía a menudo de prescindir de Justino para ponerse a contarnos la historia del púgil joven, como un novelista inexperto que extraviase el hilo de su protagonista central. No obstante, en el caso de papá, no es acertado suponer que ocurriera esto, como tampoco es acertado sospechar que recurriese a un personaje secundario para rellenar los silencios de Justino o aun sus desinteligencias, las desinteligencias con él que privaban a papá y nos privaban a nosotros de toda continuación, nada de ello corresponde suponer porque en el fondo ocurría que la historia de Justino se completaba y cobraba sentido real con cada pleito que iba ganando su último oponente, hasta que un día, ya en el año sesenta y dos, a casi un lustro de su combate final, un periodista buscó a Justino en la relojería-cerrajería, y si lo buscó fue porque el supuesto personaje secundario había crecido y llevaba veinticuatro peleas sin ser derrotado, y su pelea siguiente, en caso de triunfo, lo convertiría en el campeón nacional, y si lo buscó fue también porque hasta entonces el otro no había perdido jamás, como profesional ni como aficionado, salvo esa lejana noche ante Justino quien, fruto de un resultado rayano en el accidente, ahora, a los cuarenta y dos, inactivo como estaba, iba a ser entrevistado por vez primera.

El retiro no había activado en Justino esa angustia a la que hacen referencia otros deportistas. En contraste con quienes siguen pendientes de la que por largo tiempo fue su actividad central, él le había ofrecido su amplia espalda al boxeo, entre hastiado y empachado, con afirmar que desconocía la última horneada de púgiles y esquivaba, como a la peor epidemia, las noticias donde podía tropezar con la más mínima mención al boxeo.

Muy sensato fue que esa tarde de otoño del sesenta y dos, según la fecha que proporcionó papá, reinara una sorpresa mutua y hasta un recíproco recelo entre ese ex boxeador maduro y ese incipiente periodista reacio a creer que Justino hubiese enfrentado (y, lo que es más, derrotado) a quien ahora se exhibía en la cumbre de sus aptitudes, al decir de los expertos en la materia.

El periodista, desgarbado, dueño de un bigote finísimo que subrayaba como una sombra su labio superior, extrajo una libreta y se puso de golpe a tomar notas. Para Justino todo tenía que ser una mala broma de sus amigos del café del club, sitio que por esa fecha él ya frecuentaba y al que sólo catorce años más tarde acudiría papá. Seguro que los del club habían contratado a un estudiante de actuación para que jugase al periodista con él. No obstante, después de llenar su libreta con mil apuntes, el periodista le enseñó a Justino dos o tres revistas y también unos recortes con un firme olor a tinta, en los que su último rival aparecía fotografiado con más años y con rasgos ya no tanto de muchacho, con rasgos de hombre bien hecho, y le enseñó luego una especie de carnet con una foto pero sin bigote de él y, en letras de imprenta debajo de la foto, la leyenda "periodista deportivo", como si fuese una labor a distinguir de la del "periodista" a secas, y la combinación del carnet y los artículos viejos pudo más que todo recelo ya que parecía sostener que la aparición de ese hombre en absoluto conformaba alguna burla.

Justino, nos contó papá, devolvió el carnet, terminó de examinar esos recortes y le pidió al periodista que regresara al otro día, aunque sin contarle nada de esta visita a María Rosa, quien de haber sido informada le habría dicho con certeza: "No se te ocurra, Justino, abrir el pico".

El periodista reapareció al día siguiente, de mañana, vestido igual que en la víspera, como si no hubieran pasado más que unos pocos minutos entre una cita y la otra. En cuanto a Justino, peinado y aseado con gran esmero, se había puesto su mejor traje o uno de los dos mejores, el que tenía menos olor a naftalina, tan nervioso como la noche en que a la salida de un cine, en un impulso sorpresivo para él mismo, le había propuesto a María Rosa casamiento.

El reportaje se hizo largo porque, entre varios motivos, Justino se mostró más locuaz que lo usual. Así, mientras según papá el periodista reflexionaba que la historia está repleta de falsos anacronismos ("porque, mal que cueste creerlo, dos hombres como por ejemplo Chaplin y Tolstoi vivieron a la vez en este mundo", hizo notar papá dándose grandes aires), mientras el periodista improbablemente cavilaba esto, Justino, como si recitara un discurso preparado, declaró no vanagloriarse de haber vencido a un debutante. Al revés, el mérito le cabía al otro por su formidable carrera.

Dos o tres semanas después la nota apareció en una página impar de la flamante revista, con una foto en la que Justino era pescado ni serio ni riendo, sino a mitad de camino entre una postura y la otra, y con un título que en referencia a su actual profesión lo hacía dueño de la "llave de la victoria" para batir al campeón. La revista se la mostraron los amigos en el club, sin intención de burlarse, con una mezcla de afecto y melancolía, y entonces y sólo entonces Justino cayó en la cuenta de que entre la charla y su publicación había mediado una contienda y que, ahora, su último adversario era el campeón nacional.

La revista estaba lejos de ser una de circulación masiva. No obstante Justino por unos cuantos días se imaginó que los clientes lo miraban de otra forma, que no se atrevían a decirle: "Vimos la foto" o "Leímos la entrevista". Hasta llegó a pensar que se había equivocado al conceder esa entrevista porque, en adelante, en lugar de ese profesional idóneo que él buscaba y también conseguía proyectar, los clientes verían en él a un rústico deportista devenido cerrajero y relojero a falta de otras opciones. No era que él se avergonzara, nada más equivocado. Sin embargo meditaba que cuanto menos trascendiese eso en el barrio, mejor le iría en esta segunda vida como comerciante. Por algo solamente los ex deportistas vencedores se daban el gusto, él creía, de hacer mención al pasado, empleando sus nombres famosos o tapizando con fotos de sus momentos de gloria los recintos de su nueva actividad.

Hombre juicioso, Justino fue de a poco reconociendo que los clientes lo seguían mirando como de costumbre y que, por suerte o por desgracia, la revista sólo había llegado a sus amigos del club, como si hubiesen impreso un solo ejemplar, ejemplar más extraordinario que el fallo de la pelea que motivaba la nota.

Hombre en el fondo orgulloso, Justino archivó sus teorías sobre los ex deportistas y muy pronto enmarcó el recorte, alargado y rectangular, lo colgó en la pared más visible del comercio, pensaba, pero no pasó de lograr que un par de clientes deslizaran un comentario fortuito, para peor dos hombres mayores que él conocía de antes, o sea que ambos ya sabían de su pasado boxístico, y de ellos sólo uno le dedicó al asunto poco más de tres minutos, haciéndole algunas preguntas.

¿Se extrañaba, con el tiempo, de su triunfo? ¿Le sorprendía el desempeño cada vez superior de su último rival? ¿Había olfateado en aquella contienda del cincuenta y siete algún indicio de que el joven estaba llamado a ser un gran campeón? Estas y otras inquietudes, planteadas por el periodista, volvían a ser ahora planteadas por el cliente y por los amigos del club, porque de forma inevitable todos abordaban el caso bajo una óptica similar.

Justino, de entrada, no supo qué decir. La pura verdad podía frustrar las fantasías de los otros. Así que de apresurarse a alegar que no había atisbado nada, nada más que un remolineante bulto móvil y dos grandes guantes rojos, bermejos a la luz un tanto ocre que caía sobre el ring, nada más porque su atención sobre todo había estado puesta en su propio desempeño (máxime cuando comprendía que a partir de esa noche tendría ocasión de apreciar o juzgar a cientos de boxeadores, pero ya nunca más de apreciarse a sí mismo en plena acción), de afirmar esto que era la pura verdad pasó a responder que, en un sentido global, sí que se había olido algo, y al decir esto fruncía un poco la nariz, a imagen del viejo Maidana.

A pesar suyo, Justino sentía una dicha egoísta porque el otro no había perdido y continuaba ese ascenso que a él, al púgil retirado, lo llenaba de prestigio hasta casi ennoblecerlo. Y en esto andaba Justino, y andábamos papá y nosotros, que saboreábamos esa gloria vicaria (en nuestro caso, gloria vicaria y tardía), cuando a ese mismo negocio al que acudiera el periodista se apersonó un desconocido que vestía como un detective o como un agente secreto y que a cada rato volvía con nerviosismo su cabeza, coronada de un duro sombrero negro, como temeroso de que le hubiesen seguido los pasos.

Esto ocurrió en nuestra mesa, cuyo mantel de hilo blanco hacía las veces de pantalla, unas diez noches después de que papá nos relatara la escena del periodista. Mientras, el uso de la expresión "llave de la victoria" nos había insinuado la no tan vaga idea de que el ex boxeador hoy era cerrajero, o una cosa aproximada, lo que se confirmó muy pronto, al tiempo que papá nos contaba que en el sesenta y tres, semanas después de la primera defensa del nuevo campeón, el hombre aquel que vestía como un detective había comparecido por segunda vez ante Justino, ahora de modo "oficial" y en calidad de "emisario del monarca", tales fueron las palabras pronunciadas, a su turno, por el hombre, por Justino y por papá.

Para darle más emoción a la escena, más color y dramatismo al momento en que ese hombre hacía entrada en el local de Justino, papá se detuvo esta vez en detalles desdeñados y describió preciosamente el bosque pródigo en relojes y llaves y cerraduras, el bosque metálico en torno al ex boxeador, tan preciosamente que, en un santiamén y muy pasmados, vimos claro que Justino y el comerciante del barrio no eran quizá dos personas independientes y sí, en cambio, una sola. Y aunque nos quedaron dudas y pasamos esa noche debatiendo el asunto a oscuras, entre débiles murmullos, no fuera a ser que nos oyeran, lo concreto es que al día siguiente hicimos como mamá, que continuaba interrumpiendo a cada rato con preguntas, y exigimos precisiones con la intención de confirmar si Justino y el relojero eran uno y sólo uno.

Fue entonces cuando, con la sonrisa más blanca que uno pueda imaginar, mamá nos dijo: "Sí, hijos míos, se trata del mismo hombre".

Según papá aquel negocio, relojería y cerrajería, Justino lo había recibido de su padre, que había trabajado allá siempre, hasta cumplir los setenta y dos, y que luego de jubilarse, en vez de traspasárselo a un colega, lo había dejado cerrado, con la cortina metálica bien baja y por dentro todo intacto, a la espera del retiro de su hijo único que no había sabido encarnar el ideal de ascenso que había soñado el padre para él, ya que optar por el boxeo era la peor de las cosas, o así lo interpretaba el padre, era un camino en declive, y por eso mantenía vacío el negocio, hasta que el hijo colgara por fin los guantes, a ver si tras este descenso Justino cuanto menos regresaba a la altura inicial, al nivel social del punto de partida.

Por supuesto que el padre se cuidaba de afirmar esto, o lo sugería de forma solapada, esbozándolo con suma diplomacia. Y por supuesto que Justino no habría aceptado el negocio como obsequio, de no ser porque su padre jamás osó criticarlo abiertamente y de no ser porque, a la par, el retiro se confundió y se fundió con su boda con María Rosa, tanto que el padre halló la forma de disfrazar la cesión como regalo matrimonial y Justino no intentó contradecirlo.

Durante todos esos años en que su padre había buscado hacer de él un relojero, o al menos un cerrajero, obligándolo a colaborar en función de aprendiz, Justino había argumentado (y, al hacerlo, exhibía sus manos rugosas y sus dedos como inflados) que la naturaleza quería otros caminos para él.

Por su modo de pronunciar esta frase, más que nada la palabra "naturaleza", todos siempre habían supuesto que era en broma. No obstante, tiempo después, en la necesidad de aprender el oficio, Justino captó que había allí más que un trasfondo de verdad.

Su padre debió socorrerlo en un comienzo, cuando empezaron a presentarse clientes y sus manos, esas que había dispuesto la naturaleza, no ayudaban, agravando su visible inexperiencia. La etapa de aprendizaje no duró menos de un año. Ya para el sesenta y tres, en ocasión de la entrevista, Justino se había convertido en un óptimo cerrajero y en un apenas correcto relojero, y para la segunda aparición del emisario podía jactarse de haber aprendido ambos oficios paternos, lo que muestra cuánto el hombre es capaz de obrar sobre la naturaleza.

El padre de Justino acababa de morir, y María Rosa había perdido un embarazo pero no su buen humor, cuando aquel sujeto a quien muchos solían tomar por espía metió de nuevo allá los pies, por vez tercera en un año, y de parte del nuevo campeón le dijo que este exigía una revancha porque nunca había digerido aquella única derrota y porque los demás rivales podían caer despedazados, no obstante, para el campeón, para "el monarca" como lo llamaba él, esto era insuficiente y no alcanzaba a paliar su único tropiezo.

Desde que nos era factible representarnos su rostro e incluso el exacto escenario de la acción, podíamos vislumbrar mejor el instante en que Justino emitía una risa burlona y se alzaba, según papá, la camiseta o puede que la camisa, y le enseñaba al hombre de sombrero rígido (y, de paso, a algún cliente ocasional) su fofa barriga de ex púgil, como rellena de plumas y por norma oculta tras el mostrador, y en simultáneo también creíamos vislumbrar esa otra escena en que Justino, mirando al emisario muy muy fijamente, quería saber por qué el campeón había tardado tanto en exigir de nuevo una revancha y en confesar esa obsesión que sentía por él, que lo unía a él.

La pregunta era sensata y en el momento en que, abandonando su silla, papá nos la transmitió imitando a Justino, nosotros a su vez estábamos a punto de planteársela, como auditorio más y más puntilloso que íbamos siendo. Hasta donde sabía papá, el emisario se había limitado a explicar con voz calma, como si le hablara a un niño, que el monarca durante años había repetido un rumor que daba por muerto a Justino, muerto a causa de un accidente de ruta: esto pensaba el campeón hasta que, aclarando su error, la entrevista había reavivado los deseos de revancha.

El hecho es que estábamos muy entretenidos con todo esto, cuando llegó, sin dar aviso, la primera interrupción de envergadura y el relato, como el reloj de las tías, quedó silencioso, a la espera de alguien capaz de insuflarle un nuevo impulso. Y ese alguien, desde luego, era Justino, sólo que debido a un problema o a una serie de problemas que nunca quedaron claros papá dejó por un buen rato de ir al club y de charlar con Justino y dejó también de recoger de labios del actor central los elementos necesarios para su historia de la hora de la cena.

V

La mayoría lo desconoce, porque el hecho no trascendió lo suficiente, pero en mayo o en junio del setenta y ocho el Congreso se vio conmovido con el arribo de cierto paquete de aire ingenuo que se temió por unas horas se tratase de una bomba.

Nosotros esto lo supimos por papá y, aunque nunca pudimos corroborarlo, por años nos gustó imaginar que fue por este paquete, no por algo irrelevante, que se interrumpió el relato, y de hecho la pausa ocurrió también en el setenta y ocho porque estaba por jugarse el mundial de fútbol, así que debido a ello (y a lo dicho sobre la pelea de Galíndez) bromeamos que para esto sirven los eventos deportivos de envergadura: para que podamos situar años después nuestros recuerdos en un contexto fehaciente, en una fecha puntual.

Ahora bien, lo de la caja que quizá tenía una bomba nos quedó marcado porque, por primera vez, mamá tomó la precaución de sentar al mayor frente a ella con objeto de contarle un episodio del mundo de los adultos, dado que él rondaba los quince y a criterio de ella franqueaba una especie de frontera que lo convertía en muchacho, salvo que mamá no pensó (o sí pensó y no le importó) que el muchacho, como niño que era aún, les contaría a los otros dos lo que a su turno ella le había contado a él, y que lo haría exagerando incluso ciertos pormenores, igual que papá debía de hacer con la historia de Justino.

En todo caso el paquete, envuelto para regalo en un papel rayado celeste y blanco, había llamado la atención en el Congreso por el tamaño algo voluptuoso del moño rojo que lo decoraba, por no decir condecoraba, y porque al acercar el oído se detectaba el tictac propio de un reloj, tictac que había conducido a pensar con buena lógica que encerrase quizás una bomba de tiempo.

En el Congreso, papá trabajaba en un sector marginal y por eso no se enteraba o se enteraba tarde de los sucesos extraordinarios, pero la alarma de bomba obligó a un desalojo urgente y los así denominados empleados administrativos, vale decir los sobrevivientes al golpe militar, todos ellos terminaron en el café de la esquina, un café histórico situado en un imponente edificio, en cuyo techo un molino movía sus aspas (como copiando a gran escala al segundero de un reloj), y allí papá oyó que se hablaba de un obsequio misterioso y al cabo de media hora, o menos, uno de los integrantes de la "brigada antiexplosivos" apareció en el café y con ademanes nerviosos, que se suponían no obstante tranquilizadores, bramó: "Aquí no sucedió nada, todo fue una falsa alarma o una broma de mal gusto", y esta mención a una broma intrigó a todos los presentes, o no a todos aunque sí intrigó a papá, que de curioso se largó a indagar lo que traía el paquete y lo primero que averiguó fue que había libro encerrado, es decir que en el paquete la brigada había hecho el hallazgo de un libro (por absurdo que esto pueda parecer), si bien nadie se ponía muy de acuerdo sobre cuál libro, pero papá se dijo que esto no podía ser todo cuanto traía el paquete de moño rojo, porque un libro no tictaquea y quienes habían examinado la caja, medio oblonga y más bien alta, desde las dos mujeres gordas de la mesa de entrada hasta el equipo de seguridad interna del Congreso, todos habían detectado un latido de corazón o de bomba, y en ese punto empezó a correr la voz, sólo que una voz muy baja, de que el paquete encerraba no una bomba sino un reloj que marchaba para atrás, como en cuenta regresiva, junto con un grueso libro de contenido político que según unos era la Constitución y según otros lisa y llanamente un libro de Karl Marx, lo cual era casi como decir del diablo.

A papá se le metió entre ceja y ceja que debía ser lo primero y no un libro de Karl Marx, y no veía el momento de hablar con Justino para que este le aclarara cuán complicado es alterar los engranajes de manera que un reloj retroceda como un cangrejo, pero no fue sino hasta semanas más tarde cuando logró charlar de nuevo con su amigo ex boxeador, porque al susto del paquete le siguieron unas semanas tensas en el Congreso, donde alguien echó a rodar que entre el personal se contaban "infiltrados". De modo que tanto papá como los otros empleados se vieron urgidos a hacer, más que buena, excelente letra, y a trabajar hasta tarde para probar que ninguno era un "infiltrado" ni cosa que se comparara. Y sólo cuando los militares que ocupaban el Congreso y lo mantenían abierto, pero sin que de afuera se notara mucho, empezaron a olvidarse de este asunto del paquete que hacía tictac, entonces a tía Berta le agarró un problema de salud y hubo que hospitalizarla, y esto revolucionó todo alrededor, como si una especie de bomba hubiese detonado en casa.

Tía Berta tenía en esos tiempos, en pleno setenta y ocho, después del mundial de fútbol, cincuenta y ocho años flamantes, porque había nacido en octubre de aquel mil novecientos veinte en que naciera Justino, según pudimos saber puestos a reconstruir la historia con elementos precisos.

Desde hacía ocho o nueve años Berta era maestra de religión en un colegio de niñas, un colegio laico aunque inclinado a la moral cristiana, y ejercía allí, para ser justos, sólo seis horas semanales, repartidas entre los lunes y martes, así que el tiempo restante lo pasaba enclaustrada, sin hablarse con tía Aurelia.

El trabajo lo había obtenido gracias al padre Otero, a quien conmovía el fervor religioso de esa mujer que en su juventud había vivido "a contramano de Cristo".

Por entonces nuestra tía era la mejor amiga de Otero y, viceversa, el padre Otero era el mejor amigo de ella, al punto que nuestro padre pasó a llamarlo "el enamorado de Berta", expresión que dejaba caer sin sonreír y que mamá le prohibía usar delante de sus dos hermanas.

Cada viernes, a última hora, papá y mamá nos llevaban a hacer las compras semanales en cierto supermercado. Nuestra misión fundamental era vigilar el carrito, hacerlo andar por senderos entre torres comestibles, guiarlo después hasta la playa de estacionamiento, meter las bolsas con la mayor precaución en el baúl de un automóvil cuya exclusiva función parecía la de llevarnos a hacer las compras. Ese tipo de cosas. En el auto nos sentábamos siempre de igual manera, los tres en el asiento de atrás, el del medio en el centro y algo comprimido. El auto se usaba tan poco que tenía olor a garaje. Por esto mismo, calculamos, por esta falta de uso, papá manejaba tan mal y mamá consagraba el viaje, el corto viaje, a gritar "cuidado", "atención" y "más despacio", en síntesis: las mismas frases que nos soltaba a nosotros no más vernos con el carrito o no más oírnos dar saltos en la cama de tía Aurelia, cuyos resortes ruidosos nos delataban. Es cierto que no dominábamos del todo nuestro bólido no bien este cobraba velocidad. Un viernes, por citar un caso, derribamos un esbelto rescacielos de muchos garbanzos en lata que por minutos dejó en el suelo un paisaje como de cine catástrofe. Otro viernes, rumbo al auto, chocamos con un hombre obeso que conducía a paso muy lento un carrito casi vacío. El golpe debió ser brutal porque nuestro carrito volaba al impactar contra ese hombre, contra los muslos de ese hombre que reaccionó con un grito ahogado y con gestos de dolor.

Al minuto, a bordo del auto, oímos decir que nuestra víctima indefensa había sido el padre Otero, pero nos costó creerlo, porque tanto hablaba Berta acerca de él, pintándolo como un santo, como una criatura especial, que a los tres nos sonó a fiasco saber que Otero frecuentaba nuestro mismo supermercado y que, como un simple mortal, también tenía que empujar su carrito.

En el barrio a Otero solían apodarlo "el padre Tapia", en alusión nada sutil a su sordera. Todos le decían así, menos tía Berta y los creyentes más sinceros. Bajo el efecto de la sordera de Otero, la afluencia a la iglesia estaba mermando. El padre Otero gritaba, no prestaba atención alguna a lo que los otros tenían para decirle. Pero, primero y principal, pronto a confesarse uno debía elevar tanto la voz para que Otero se enterara (y por esta vía el Señor) que los pecados acababan resonando, al oído de todos los fieles, en la semipenumbra con olor a incienso. Y esto a nadie le gustaba.

A nosotros nos llamó mucho la atención que mamá no se mosqueara al saber que Berta se hallaba internada en un hospital.

La pobre había tenido el mal gusto de doblarse en dos y desmoronarse en medio de una de sus clases, delante de las alumnas, que, por un segundo, al verla como de piedra y postrada de rodillas, habían tomado la reacción por un arrebato místico, pero enseguida, al verla boca arriba tendida en el suelo, y acaso con un hilo de espuma brotando de su boca, o así nos gustó imaginar la escena, llamaron a gritos al director y este, sin montar gran escándalo, pidió a su turno una ambulancia y los de la ambulancia llegaron un poco demorados por culpa del tránsito, así pretextaron, y con ayuda de las alumnas, que es fácil y hasta tentador pensar que no querían mucho a Berta en calidad de maestra, con su ayuda la cargaron y la ambulancia arrancó y hasta debió de andar un trecho a contramano porque esa es, por excelencia, la prerrogativa de las ambulancias.

Mamá se preguntaba quién, si no el director de la escuela, le había avisado a tía Aurelia de lo ocurrido, ya que era Aurelia quien la había llamado a ella, a mamá, desde el único teléfono en condiciones que encontró en ese hospital. El peligro había pasado, según le habían dicho a la tía y ahora ella le repetía a mamá. No obstante, a la hora de la cena vimos a mamá afligida porque, tras una recaída, tía Berta había vuelto a empeorar, y papá no tuvo el coraje de retomar la historia de Justino, ni nosotros tres de reclamársela, por deferencia a mamá, que se veía tan cabizbaja.

Nuestra tía Berta no era la misma que mamá había conocido treinta años atrás o aun más. Tía Berta no había sido siempre religiosa, así como no siempre había evitado hablarse con tía Aurelia y así como no siempre había sufrido achaques de salud, y aunque a mamá no le sorprendía el rumbo tomado por los acontecimientos, a quienes trataban últimamente a Berta no les cabía en sus cabezas que alguna vez hubiese sido alegre, sociable y un tanto seductora.

Dado su caracter severo y otoñal, los vecinos sin excepción le decían "doña", y el título se había extendido hasta la hermana, no mamá sino tía Aurelia, que odiaba verse llamada "doña Aurelia" cuando se hallaba todavía alrededor de los cuarenta, si bien es cierto que las tías, a diferencia de mamá, impresionaban de tan viejas y arrugadas que estaban poniéndose.

Mamá no quiso que nosotros fuéramos al hospital, pero nos puso al tanto de lo sucedido, y papá aprobó la medida porque había que ahorrarnos el espectáculo de esos pasillos y esos pabellones mal iluminados, que en la mayoría de los casos obran de lúgubre antesala de la muerte. Había que ahorrarnos tal visión de igual manera que papá silenciaba o dulcificaba lo más turbio de su tarea en el Congreso. Así que, desprovistos de imágenes de aquel hospital, rememoramos esos días como unas páginas en blanco, como un malestar importuno venido a desactivar ese cuento que nos hechizaba.

Solamente con el tiempo comprendimos, eso sí, que mientras tía Berta se encontraba internada, la historia del boxeador había quedado detenida en el umbral de otra hospitalización: la de María Rosa, la mujer de Justino. Pero eso no teníamos aún cómo saberlo.

Sin empacho alguno, mamá solía sentenciar que Berta había enfermado de tristeza (o, textualmente, "marchitado de amargura") porque, unos quince años atrás, había estado por casarse con un novio sacado de la galera, si bien todos en la familia, incluida la abuela que aún vivía aunque estaba muy mayor, todos habían objetado el compromiso apenas anunciado. Ya lo decía nuestra abuela que el pretendiente era un sujeto "demasiado joven y bien parecido", quería creer, para interesarse en alguien como su hija, que en el sesenta y tres tenía cuarenta y tres, aunque por lo bajo aparentaba cincuenta.

En la familia a nadie, salvo a la tía Berta, le convencía el apuro del novio ni el aspecto del novio ni la risa torva del novio ni el afán demasiado insistente del novio por caer simpático y por conquistar a todos, mucho menos a papá, que lo miraba día y noche con cara de pocos amigos.

Era sabido lo terca que podía ser la tía Berta una vez que se le metía algo en la cabeza. La que lograba hacerla reflexionar era nuestra abuela (débil ya, porque le quedaban sólo meses de vida), y también la hacía entrar en razones raras veces mamá, pero ella estaba entonces por parir al mayor de nosotros y tenía, como es natural, su energía puesta en otra clase de asuntos.

Considerando lo grave que habría sido para todos (en especial para Aurelia) que Berta se hubiera casado con su novio, ese novio recalcitrante, fue una especie de milagro que una carta anónima llegase al hogar compartido por la abuela y las dos tías. La carta, carente de firma, estaba escrita por una mujer que, contaba allí, había noviado hacía tres años con el prometido de Berta, se había casado dos años antes con él y había perdido un año antes todo o casi todo el dinero, sin olvidarse de sus bienes, puesto que el prometido joven y buen mozo no era más que un estafador.

La suerte quiso que la carta (para la "señorita Hernández", sin precisiones de nombre), cayera primero en manos de tía Aurelia, quien la leyó y después se la leyó a la abuela y mamá, antes de enseñársela a Berta. Según tía Aurelia la estafa que consignaba la carta era tan simple y descarada, amén de grave, que cabía preguntarse por qué no existía toda una armada de galanes dispuestos a desplumar a las casaderas como su hermana mayor.

El prometido de Berta, cuya concreta ocupación no terminaba de quedarle clara a nadie, había persuadido a la autora de la carta anónima de la conveniencia de darle un mejor empleo a cierto dinero en principio destinado a comprar su hogar conyugal, y lo había hecho pretextando un negocio fenomenal, algo que iría a redituar una millonada. La incauta y flamante esposa había resultado embaucada porque el prometido había puesto el dinero en cuenta aparte, una cuenta a su solo nombre, y pasados unos meses, entre lágrimas espurias y mohínes de dolor, le anunció a su menos flamante pero siempre incauta esposa que lo habían timado, que lo había perdido todo. Haciendo de tripas corazón, ella le dijo, aunque pensara lo opuesto: "El dinero no es lo que importa" y "te perdono" y "vamos a recuperarnos", pero él retrucó bruscamente cada frase, una por una, incluso con exabruptos, hasta llegar a una disputa irremediable.

Una especie de consejo de familia, por no hablar de un tribunal, se montó con el fin de analizar el tema, y allí Berta, que no contaba con la carta y menos aún con un planteo por el estilo, intentó controlarse y no desistir de ninguna decisión tomada, pero llegado el momento, tal como lo contó mamá, se enfureció al ver un complot contra su felicidad y apenas alcanzó a gimotear roncamente que todo era obra de Aurelia, de su envidiosa hermana que detestaba verla "a las puertas del altar".

A ojos de Berta, Aurelia odiaba trabajar y vivía de sus costillas; por eso la perjudicaba que Berta fuera a casarse, ya que implicaba perder "la gallina de los huevos de oro", exclamó nuestra tía mayor.

Fruto de todo este lío, la abuela enfermó más y el parto de mamá se aceleró (el mayor de nosotros tres es, que se sepa, el único sietemesino, en la familia) y tía Berta proclamó al mundo que, contra viento y marea, iba a casarse incluso antes porque una fecha mejor había aparecido, y se cuenta que papá se puso entonces a investigar y, con ayuda de un amigo empleado en el archivo de Tribunales, no en el archivo del Congreso, dio con la prueba legal de que el prometido de la tía estaba casado de antes y que esa estafa ya la había cometido, varias veces, con éxito.

Fue un invierno, imaginamos, sin reposo para Aurelia, porque durante semanas debió correr y correr, visitando a una hermana por parir, cuidando a una madre con la salud quebrada, consolando a su otra hermana tras la anulación de la boda, tratando de hacer todo lo mejor posible.

Meses más tarde nuestra abuela se había muerto y mamá ya estaba repuesta y reinstalada con el mayor de nosotros y a tía Aurelia le había tocado denunciar judicialmente al prometido buen mozo y estafador y la llave del reloj catedral brillaba por su ausencia, todo esto ocurría cuando papá le confesó a nuestra madre que él había hallado el documento legal con antelación y, más aún, que la carta, la famosa carta anónima, la había amañado a su pedido aquel archivista amigo. Mamá no pudo enfadarse (al menos no tan a las anchas como el caso lo imponía) puesto que papá había actuado con la mejor intención. En su defecto ambos tomaron el recaudo de guardar bien el secreto y únicamente al morir papá, unas tres décadas después, mamá nos reveló lo ocurrido a sabiendas de que los años lo volvían inofensivo, como esas fotos pornográficas del tiempo del cine mudo que, a la distancia, provocan risa y candor por encima de cualquier cosa.

Nunca pudimos saber si papá abjuró de sus tretas, no tanto de desenmascarar al pretendiente de Berta como de haber escrito esa carta explosiva que mucho impactó en la familia, y es que papá podría haber pensado un segundo en las posibles consecuencias negativas, tomando en cuenta el embarazo de mamá y la salud mala de la abuela. Lo real es que, de sopesarlas, acaso lo hizo ligera o erróneamente, o acaso razonó que cortar por lo sano, aun a riesgo de provocar una suerte de conmoción, era preferible a cerrar los ojos y servir de cómplice a ese novio estafador.

Si hoy nos resulta inequívoco que papá encendió una mecha sin mayores remordimientos, por el contrario, nos parece que Berta no salió ilesa del desengaño, ya que muy pronto nació en ella una pasión exacerbada por la Biblia, por la iglesia y por las misas, por cuanto se relacionase con Cristo y la religión, y también pensamos que Berta, como era de prever, acusó una cuota de culpa por la muerte de su madre, más otra cuota de rencor contra el resto de la familia, que concentró y expurgó en la figura cercana de Aurelia, a quien de golpe, quizá por esto, dejó de dirigirle la palabra, aunque mamá nunca creyó que este hecho fuese el detonante de semejante silencio y alguna vez hasta insinuó que pudo haber sido al revés, o sea que haya sido tía Aurelia la que en primera instancia dejó de hablar.

VI

No mucho antes de la internación de Berta, allá por el setenta y ocho, mamá había quebrado su promesa y aconsejado a Aurelia en algo inherente a Justino.

Alentada por su querido padre Otero, Berta llevaba algún rato, alrededor de nueve años, trabajando lunes y martes, dando clases de religión, y mamá dijo que esto a Aurelia le "despejaba la costa". ¿Por qué no presentarse en la relojería? ¿Por qué no arrancarle a Justino una visita a la casa, un lunes o martes de tarde, bajo la excusa de un vistazo al reloj catedral?

Tía Aurelia puso cara de estimar inútil el consejo pero, transcurrido un tiempo, terminó por ir al negocio de Justino, no con el reloj a cuestas porque pesaba y porque no habría sabido justificar ante la tía Berta su ausencia, pero sí emperifollada y con el vestido más insinuante de su vasto armario en el que solían abundar los escotes cerrados y los ruedos largos.

Para vestirse de este modo, tía Aurelia escogió a conciencia un martes en que tía Berta, luego de impartir sus clases, debía acudir a entrevistarse con Otero. Cuanto más crecía la sordera, más extensas se volvían las citas con el religioso. Fruto de esto, su hermana no la vería partir ni volver con ese aspecto que tenía muy poco de escandaloso comparado con el modo en que otras mujeres se exhibían por el barrio, si bien Aurelia sabía que su hermana era capaz de echar un sermón o algo peor por un escote la mitad de pronunciado.

Según mamá era, por lo visto, una tarde bien estival. Es decir que, aunque moderado, el calor servía de excusa para ese tajo que, como una herida audaz, le partía la escueta falda marrón en dos.

Antes de salir a la calle, tía Aurelia había buscado su imagen en el espejo un tanto moteado de su habitación, espejo todavía más corto que la falda, y se había hallado por una vez atractiva, en el estricto sentido de la palabra, aunque la confirmación a esto, el veredicto necesario, llegó no bien un hombre le clavó una mirada al pasar y, más aún, no bien otro hombre dejó escapar un piropo viéndola cruzar la calle. "Si acaso tuviera el valor de vestirme siempre así", suspiraría más tarde Aurelia ante mamá. Pero algo se lo impedía, algo hacía que en el fondo, pese a las reacciones de deseo que despertaba entre los hombres, se sintiera "impura" en esas ropas. Y a ese "algo", simplificando, le había puesto el nombre de Berta.

En su negocio, Justino no estaba solo. Una mujer había plantado sobre el largo mostrador un reloj cucú del cual salía un pájaro de madera que a Aurelia, repentinamente, le hizo pensar en el gesto burlón de sacar la lengua.

La mujer estudió a Aurelia de arriba abajo, pero no fue esto lo que irritó a nuestra tía, sino que Justino le obsequiara un saludo desganado, sin despegar ni un momento los ojos de aquel pájaro. Mala señal, caviló Aurelia, y se explicó que todo era culpa del sol que, a esas horas de la tarde, reflejándose con brío en la puerta vidriada de acceso, impedía espiar el interior del comercio con claridad, porque de haber visto ella a tiempo a la mujer y su cucú, habría pospuesto la entrada.

La mujer, que ya parecía haberla olvidado, era dueña de una voz grave y se dirigía a Justino como a un veterinario que fuera a sanar al pájaro. Perpleja, Aurelia descubrió (y, con evidencia, Justino lo iba descubriendo a la vez) que cierto nombre de varón pronunciado por la mujer, Alfredo o Anselmo o Adolfo, era el nombre puesto por ella al pájaro experto en horas.

Armándose de paciencia y tras mucho batallar, Justino convenció a la mujer de que dejase el cucú y volviera al día siguiente. "Adiós, Anselmo, acá el señor te va a arreglar", dijo la mujer, que no terminaba de irse, y nuestra tía, en lugar de doblarse de risa, se miró de reojo la falda, miró el pájaro de madera y resolvió que el número de seducción que traía montado, aunque no muy ensayado a decir verdad, chocaba con obstáculos difíciles de sortear.

Una vez solos, frente a frente, tía Aurelia no supo qué hacer ni con su plan, ni con la estudiada sonrisa que Justino no advertía, ni con sus manos que temblaban. Entonces un teléfono, el que había en ese negocio, en una suerte de despacho o de depósito trasero, tuvo la gentileza de echarse a sonar.

Siempre evitando su mirada, Justino musitó: "Ya vengo" y fue a atender a grandes pasos. El reloj desarticulado yacía aún en el mostrador, ligado por algo como un liso cordón al pájaro que, observó más de cerca Aurelia, sin nadie que escudriñara por encima de sus hombros, era un Anselmo muy ventrudo.

Ya había recorrido por completo el comercio, decaído y mal ventilado, cuando del fondo llegó la voz de Justino: "Lo siento, no estamos haciendo trabajos a domicilio", y nuestra tía presumió que el plural en esa frase quería esconder con torpeza que él no tenía quien lo ayudara. "No estoy haciendo trabajos a domicilio" habría sido una respuesta más sincera.

Como Justino continuaba enredado con la llamada, Aurelia optó por escapar. Sin visitas a domicilio, su plan perdía toda razón de ser. Pero no había avanzado ella ni medio metro en dirección a la salida cuando del lado de afuera, en plena calle, creyó ver acercándose nada menos que a la tía Berta.

¡Berta, allí mismo! Su sorpresa fue total. "De acuerdo, gracias, hasta luego", volvió a oír la voz de Justino, mientras Berta, próxima ahora, parecía debatirse entre ingresar o seguir su camino. Tía Aurelia la vio peinarse, con una coquetería que era novedosa o que parecía olvidada, usando el vidrio del negocio como espejo. La vio apoyar la mano en la puerta de entrada, en el brillante picaporte, y retirarla bruscamente como presa de una descarga. La vio fruncir el entrecejo y alejarse disgustada, como si acabase de vislumbrar o pensar algo horrible, indecoroso.

Al ver que Berta se iba, pensó con alivio que su hermana quizás actuaba así porque la había visto adentro. Pero enseguida recordó que era muy arduo ver contra el reflejo del sol, y esto la desconcertó más. A menos, claro, que el sol, aquel sol de media tarde, se hubiese ocultado o debilitado en el momento en que su hermana pasaba por ahí, de regreso de la iglesia, en tal caso ella habría conseguido verla, sí, eso tenía más sentido: Berta entreviéndola por una tregua del sol, Berta refrenando el vivo impulso de entrar, tan poco dada a los escándalos en público.

Lo único que Aurelia no lograba explicarse era la reacción de Justino, su mueca de susto cuando, de nuevo tras el mostrador, había llegado a percibir, lo mismo que ella, la cara adusta de Berta: la cara de Berta exhibida del otro lado del vidrio, en una especie de contraescaparate. Siempre que la reacción, la mueca de Justino, no hubiese sido pura sugestión de Aurelia.

"¿En qué podemos ayudarla?", pronunció por fin Justino, aún aferrado al plural y con una voz vacilante que no se habría esperado de él. Tía Aurelia dijo: "Nada, gracias", bastante segura de ella, dio unos pasos y abrió y cerró la puerta con severidad.

A su regreso, según relató mamá, Berta ya estaba en la casa, reclinada, en silenciosa reflexión, contra un apoyabrazos del sillón más grande, pero ni tan siquiera así, con esa expresión marcial que nunca la abandonaba, se permitió pregunta o alusión sobre la falda o sobre lo ocurrido en el negocio. Tampoco Aurelia dijo algo. Lo cual era bien sensato ya que, si entendimos bien, una y otra no se hablaban por esa fecha.

Desde pequeños, y a título personal, habíamos preferido a tía Aurelia en detrimento de Berta, no sólo porque nos dejaba saltar a gusto en su cama y tenía esa alfombra peluda y cosquillosa, sino porque además tía Berta a veces imponía no estrictamente miedo, pero sí una mezcla de respeto y rigor, aun cuando nos sonreía y nos regalaba más de un chocolate, sólo que un chocolate viniendo de Aurelia representaba un premio por habernos portado bien, mientras que viniendo de Berta representaba una advertencia para que nuestra conducta no se apartase nunca del "camino recto", según sus frecuentes palabras.

La transformación de tía Berta, su encierro y su vehemente brote religioso carecían de antecedentes en la familia materna y eran como una enfermedad incomprensible, un mal llegado de una comarca distante al cual los médicos locales no están habituados ni tampoco entrenados. A desmedro de la conducta de Berta, mamá y papá descreían bastante de estos cambios y, sin decírselo a tía Aurelia, porque a ella era infructuoso hablarle con franqueza de su hermana, pensaban que en paralelo a tanta pasión, a tanto fervor religioso, otro proceso, indetectable e interior, debía de estarse operando en el alma o, para ser directos, en el corazón y demás órganos de Berta, al precio de haber afectado su salud pese a contar con la protección y la ayuda más divinas.

Los médicos del hospital no alcanzaban a imaginarse con qué fuerzas celestiales se medían. Mientras tanto la tía Berta, que empeoraba y mejoraba en movimiento pendular, no tenía sospecha alguna del entreacto que su internación causaba en casa a la hora de la cena.

Hartos de que las aventuras del boxeador no avanzasen, ideamos algo próximo a un embrujo, cuyo propósito central era que Berta estirase la pata de una buena vez y nos dejara así en paz, pero al oír al poco tiempo que la tía estaba muy grave, en los umbrales de la muerte, sentimos una enorme pena y entre todos, por la noche en nuestra habitación común, razonamos que si éramos dueños de poder matarla, más humano y juicioso sería dedicar este poder a sanarla, a repeler la enfermedad.

Huelga decir que tía Berta murió a pesar de nuestro empeño y a pesar de los múltiples cuidados médicos y a pesar de las plegarias profesadas durante su breve internación por las alumnas del colegio donde ella dictaba clases, o aun por los fieles de la iglesia a la que siempre concurría, y a pesar sobre todo de los cientos y miles de rezos acumulados por el padre Otero y por ella, por la mismísima Berta, en esa especie de viudez desprovista de boda que había llevado adelante por quince años.

Recordamos su funeral, recordamos la presencia de una prima de mamá y de nuestras tías a la que sólo se veía, dijo papá, cada vez que un nuevo deceso asolaba a la familia, y recordamos más que nada el réquiem algo arrebatado que el padre Otero se permitió pronunciar y nadie tuvo el coraje de perderse o mucho menos de impedir, porque a esta altura Berta tenía una familia, la nuestra, y tenía otra familia en la iglesia del barrio, familia donde descollaba Otero, cada día más obeso y sordo, Otero, que impartió la misa lloriqueando y acabó arrancándoles lágrimas a las dos hermanas Hernández y hasta emocionó a papá, poco demostrativo de sus sentimientos.

Lo que en cambio, y de manera sugestiva, no alcanzamos a notar fue que entre el gentío en la iglesia y después en el cementerio se contaba nada menos que Justino. Cómo es posible que ninguno de nosotros tres lo viera, justo cuando él ocupaba el centro de nuestras fantasías infantiles, es algo que ni siendo adultos acertamos a explicar, si bien es dado suponer que se hizo presente allí con gran discreción: embutido, según años después describió mamá, que sí lo vio, en un traje oscuro y severo, como cuadra en un entierro, y con las solapas en alto y encima, como lloviznaba, un paraguas bajo el cual pudo escudarse de las miradas, de casi todas las miradas menos, como dijimos, de la de mamá, que guardó silencio en pleno funeral.

Cumplidas dos o tres semanas, cuando papá retomó el hilo de su cuento (si vale usar esta palabra para una narración verídica), nos vimos de nuevo dentro de un hospital, aunque ahora en el verano del sesenta y tres.

Papá pasó a explicar que María Rosa, o sea la mujer de Justino, sucumbía por esa fecha a un primer colapso, entonces mamá interrumpió para afirmar que era inoportuno que oyéramos eso y nuestro padre, tras remedar "inoportuno" y fruncir un tanto la boca, dijo que de ninguna forma debía soslayarse aquella enfermedad o no comprenderíamos la concatenación de los hechos, y las palabras "colapso" y "salud", más el funeral presenciado (y que significó el primero en nuestras vidas), nos tentaron a presagiar algo funesto, más cuando papá mencionó el dolor de Justino y su pena, y esto produjo en los tres, por no decir en los cuatro, sin excluir a mamá, una emoción similar a la provocada por Otero, una emoción desbordante, así que la historia del púgil volvió a interrumpirse unos días, al vernos mamá congestionados de lágrimas.

Entre tanto, Aurelia faltó a casa por algunos miércoles pero, apenas se hizo presente, pidió una suma de dinero necesaria, adujo ella, para saldar los gastos de la misa y de los funerales de tía Berta.

Aprovechando su venida, mamá le dijo al fin que entre la concurrencia había divisado a Justino, a lo que Aurelia se ruborizó con algún disimulo, y la visita, que por una vez finalizó temprano, fue retribuida un par de sábados más tarde por mamá y nosotros tres, no por papá, que interpuso una obligación, y de esta forma las bajas fueron simétricas, aunque de origen muy diverso, en cada cual de los dos bandos.

A nosotros tres nos pareció anormal y de mal gusto que nos enviaran a jugar a la derecha, a la habitación de tía Berta, entre esas pertenencias que estrenaban su inactividad y un aire como vencido, pero en verdad más cautivó nuestra atención ver como un rígor mortis en ese reloj que no en todas, pero sí en muchas de las últimas visitas, había soltado claros indicios de vida.

Pronto y conforme se sumaban otros sábados pudimos volver a jugar en la habitación de tía Aurelia y supimos que también a mamá le resultaba rara esta quietud. Pero cuánta importancia podíamos concederle a un reloj al lado de las novedades que iba trayendo papá: el emisario del campeón había aparecido otra vez en el negocio de Justino, era su cuarta visita si las cuentas no nos fallaban y venía con una propuesta concreta dado que el jefe ("el monarca", así le gustaba apodarlo) planteaba una fecha cercana para el ansiado desquite.

Papá no supo o seguramente no quiso revelarnos de inmediato la respuesta de Justino a ese desafío, cuestión de sembrar otra cuota de suspenso sobre el mantel, y sin embargo la realidad fue más simple y desprovista de misterio, puesto que Justino dijo "no" sin dudarlo, y por más que el emisario procedió a subir la oferta, prueba de cuánto le interesaba una revancha al campeón, Justino volvió a decir "no" y agregó que el suyo era "un no definitivo", ya que tras él no se ocultaba en absoluto el deseo de un pago mayor.

El emisario, según papá, hizo algo digno de contarse, ya que triplicó la oferta, vaya uno a saber si con la venia del jefe o más bien cediendo a un impulso, picado por la intriga de ver hasta qué punto la negativa era tan sólida, pero Justino se mantuvo en igual tesitura, como si en su vida jamás hubiera sabido boxear o como si la propuesta fuese un desatino.

A nosotros nos frustró aquella reacción porque papá, de hecho, había afirmado tiempo atrás, al iniciar su relato, que lo interesante del caso empezaba con el retiro de Justino, pero en este punto ocurrió que mamá volvió a intervenir y, con una lógica que cabe tildar de femenina, nos recordó que Justino había abandonado el pugilismo por María Rosa, por lo tanto era sensato que no diese marcha atrás justo cuando ella estaba enferma.

Llegó el tiempo en que supimos que este gesto, este acto de renunciamiento, hizo que mamá mirase a Justino con mejores ojos, y también llegó el tiempo en que mamá le contó a la tía Aurelia la historia entera que papá iba desgranando, o al menos este episodio de la oferta rechazada, y a lo que vamos es a que este mismo episodio cumplió el efecto de impresionar a tía Aurelia, que seguía sin entender por qué Justino, tras coquetear o algo parecido con ella, había pasado a ignorarla con ahínco y menos todavía por qué, si en efecto él había asistido al entierro, no se había acercado para darle el pésame indispensable. Pero esto tan sólo lo supimos dos décadas después, porque en aquellos años ignorábamos que mamá y Aurelia hablaban sobre Justino, tanto como ignorábamos que nuestra única tía viva soportaba de muy mal grado la soledad, es decir, la novedad de vivir sin la tía Berta.

Que en los últimos años Berta le hubiese dirigido contadas palabras no impedía que la extrañara. Viendo el caso desde afuera, papá aventuraba que Aurelia había perdido menos a una hermana que a una especie de segunda madre que sobre ella había ejercido una tiranía silenciosa y en última instancia implacable, porque no sólo había conseguido que todos la llamasen "doña Aurelia", sino que la hermana menor se perfilase, a pesar de su relativa juventud, como aspirante a ese cetro de soltera inveterada. Incluso puede que esta fuera la gran venganza de Berta, quien a juicio de nuestra madre nunca había logrado digerir la ignominia de cancelar una boda, ni había perdonado a tía Aurelia por denunciar a sus espaldas al prometido en cuestión.

Lo seguro es, como dijimos, que tras la muerte de la abuela y la anulación de la boda, Berta había caído en semejante abatimiento que renunció a la escuela del barrio donde enseñaba historia y, después de hacer un atado con los libros y manuales escolares (como si rompiera dos compromisos, en lugar de uno, y lo que estuviera archivando fuesen más cartas de amor), se encerró meses y meses en la pieza antes compartida con la abuela, pero toda suya ahora, y se abocó a leer una Biblia de ínfimos caracteres y de lomo duro que, por décadas, no había encarnado para los Hernández nada de otro mundo, más bien un objeto puesto por accidente en un estante, más decorativo aún que el reloj catedral que en última instancia celebraba una unión.

Decir que nuestra tía recién abrió la puerta de su encierro al llegar al punto final del libro santo (suerte de meta para aquella peregrinación ocular) no equivale a sostener que la pobre Berta, allá por el sesenta y ocho, lograra sacudirse con facilidad su abatimiento o tan siquiera la misantropía que, a partir de ese instante, pasó a ser la palabra que definía con más justeza su estado de ánimo o, digamos, su actitud frente a las cosas.

En vista de esto, cuando en el sesenta y nueve, meses después de haber "cerrado la Biblia", Berta les anunció a nuestros padres y a Aurelia que había aceptado un trabajo en una escuela de la zona, en calidad de maestra de religión, nadie se asombró porque a esta altura no sólo era la más beata del barrio, sino además la favorita del padre Otero y de los monaguillos de la iglesia de la otra esquina. Al contrario, mamá opinó que a tía Berta la tonificaría "conocer gente", sobre todo gente joven, y la tía Aurelia pensó de forma nada caritativa lo bien que le vendría que Berta saliese bastante más, para gozar de nuevo de cierta soledad en su hogar, y papá rumió que no estaría mal que Berta de paso ganase unos pesos con su flamante ocupación, a ver si en contrapartida Aurelia pasaba a solicitarle una suma semanal algo inferior. Pero mamá no tardó en saber e informarle a la familia que estas clases de religión eran casi benévolas y que las contadas monedas que tía Berta recibía, simbólicas más que nada, iban a parar a las mismas alcancías que los domingos, con expresión lastimera, el padre Otero agitaba como un sudario auditivo delante de todos los fieles.

Menos de diez años llevaba la tía Berta en esa escuela y el padre Otero había tenido que salir en su defensa al menos en cuatro ocasiones, porque el director objetaba la manera de enseñar (el método y los contenidos) de esa mujer que parecía haber olvidado que la escuela a la que iba no era una escuela de monjas, era "un establecimiento laico de espíritu cristiano", eso afirmaba el director, y es que tía Berta, a pesar de lo dicho por el padre Otero la tarde en que no sin ardor recomendara sus servicios, tía Berta convertía esas clases en prédica de un peligroso fanatismo.

El menor de nosotros tenía casi veinticuatro años cuando mamá nos contó esto, allá por el noventa y uno, y al fin fuimos conscientes de que en esos años en que Berta había emprendido, no diremos su calvario, pero sí su conversión y su lectura de la Biblia, en paralelo Justino había dado inicio a lo que papá llamó su "etapa negra".

Cumplidas tres semanas en el hospital, María Rosa había obtenido el alta médica y no paraba de sonreír cuando, mientras ella se vestía, un sujeto buscó a Justino y lo condujo hasta un despacho en el que debía llenar unos formularios, sólo que entre esos papeles de súbito surgió un médico, se presentó como el doctor Toribio Acosta y, distribuyendo unas miradas tan raudas como las del emisario, se puso a hablar en términos rebuscados de la grave enfermedad que aquejaba a María Rosa.

Justino creyó entender que a su esposa le quedaban diez meses de vida, pero de nada estaba realmente seguro fuera del nombre de la enfermedad, y no le dijo a María Rosa una palabra de lo hablado por el médico.

Por unos días María Rosa no tuvo forma de enterarse del diagnóstico. Luego empezó a acudir seguido al hospital para unos "chequeos preventivos", al decir del doctor Acosta, y todas las veces que podía Justino la acompañaba hasta la sala de espera, con la salvedad de que llegado el turno entraba al consultorio sola y salía sola también, con el semblante igual o casi, sin hacer nunca alusión a su enfermedad, acaso porque el médico, que no era siempre el mismo médico, mantenía la boca cerrada, o acaso porque había resuelto reproducir la actitud de su marido.

Todo esto, claro está, papá lo mencionó al principio vagamente, aludiendo a unos problemas de salud, como si años después emulara a Justino, cuidándose de no ahondar en detalles clínicos ni tampoco en la intimidad de esa pareja que, por miedo o superstición, soslayaba la enfermedad y en su obstinado callar imitaba a esos boxeadores que no sueltan el primer golpe hasta que lo haga el rival.

Lo concreto es que mientras Berta se entregaba a la Biblia y a las consoladoras charlas con Otero, y mientras Justino se consagraba al local recibido de su padre (y lo hacía con esa pasión y con esa monomanía que depositan en una esfera puntual quienes buscan olvidarse de un problema de amplio alcance), mientras esto acontecía los diez meses anunciados por el médico se escabulleron deprisa y Justino, al ver que María Rosa continuaba viva y, lo que es más, de buen ánimo y salud, se preguntó si acaso habría entendido mal, sólo que carecía del valor necesario para charlar con Acosta o cualquier otro doctor.

VII

El hospital en el que había sido internada María Rosa fue el mismo al que en lo sucesivo ella se vio obligada a acudir para el tratamiento, unas doce veces por mes, y por suerte para Justino quedaba cerca del negocio, lo cual le permitía ausentarse algunas horas y acompañar a su esposa, previo rito de poner el cartel colgante en la puerta, con la palabra "cerrado" hacia la calle.

Nada lujoso, el hospital era correcto y asombrosamente limpio. Había un enorme pabellón colmado de habitaciones y, adelante, separado por un patio con una sola palmera, había otro edificio más nuevo y menos grande, aunque no por ello pequeño, con la oficina de admisión y los consultorios médicos.

Al cabo de varias visitas, que se sumaban a la pasada internación de su esposa, Justino conocía de vista a casi todo el personal y hasta sabía el nombre de algunos con quienes cruzaba saludos o ademanes de cortesía. El movimiento era incesante, como destinado a conjurar la noción de enfermedad, y lo que en un principio fue un desfile de personajes intercambiables, todos en mameluco y con igual rictus reconcentrado, poco a poco fue revelando sus aristas, de manera que Justino aprendió a distinguir entre los jóvenes residentes y los jefes, entre las enfermeras y los camilleros, entre los pediatras y los cardiólogos y los obstetras y tantas otras especialidades médicas, algunas que no había oído nunca, como esa maldita palabra "oncología": había sabido vivir y boxear y arreglar relojes, ignorante del sentido y de la mera existencia de esta palabra, si bien para complicar la situación ni Justino ni María Rosa pronunciaban tampoco ese otro vocablo ("cáncer", comprendimos, aun cuando incluso papá lo evitó), vocablo más crudo y sin duda más prohibido, no en vano en la sala de espera, en el sector donde él se sentaba impaciente, en una postura ramplona, las manos sobre los muslos, o sea como si estuviera por levantarse para pelear otro round, no en vano allí un letrero rezaba "oncología" en letras gruesas y ni el menor rastro de la otra palabra.

La sala a Justino le evocaba el destemplado salón de cualquier estación de tren, y si no extendía el pensamiento a las zonas de embarque de los aeropuertos se debía a que no había tomado en su vida un solo avión, hecho que por su inmovilismo lo acercaba a nuestra familia o, con mayor exactitud, a los Hernández.

Si a quienes trabajaban en el hospital, Justino, visita a visita, los diferenciaba mejor, según el rol, la profesión o el área médica en que pasaban las horas, no menos cierto es que, por encima de esto, otro criterio le permitía distinguirlos: estaban los que sabían de la enfermedad de María Rosa y los que no. Con los primeros lo unía la complicidad de una red de conspiradores. Con ellos había pronunciado, no sin fastidio, la palabra silenciada ante su mujer. Con ellos cruzaba miradas cargadas de entendimiento toda vez que la puerta azul del servicio de oncología dejaba ingresar o salir a María Rosa.

Tres doctores se turnaban en el servicio y, en un juego que no osaba compartir con María Rosa, segundos antes de que se abriese de par en par la puerta, Justino pensaba: "El alto" o bien "la mujer" o bien "Acosta será quien esté hoy de turno", porque tan sólo de este último conocía el apellido. El juego no lo divertía, jugaba como obligado, a ver si paliaba lo doloroso de la situación. Pronto ocurrió que no pudo hacer abstracción del resultado, más cuando se dejó tentar por la idea mágica, insensata, de que acertar en ese juego era buen augurio en lo tocante a la salud de su esposa.

Por María Rosa se enteró de que la mujer del servicio se llamaba Rosa María, "igual que yo pero al revés", dato que a ella le daba risa, mucha más risa que a él. El tercer médico, el más alto, ni Acosta ni Rosa María, el único ahora en contribuir anónimamente a su juego, le caía mal a María Rosa o en rigor ocurría que ella no deseaba la atención de un médico hombre, tal vez por no haber alcanzado esa fase en que la enfermedad se impone sobre el pudor, así que rumbo al hospital, caminando o en colectivo, según el clima o el estado de salud, se volvió usual que María Rosa murmurase, cruzando dos dedos de la mano derecha: "Que no me toquen ni Acosta ni el alemán", y a menudo los dedos seguían cruzados por más segundos, como si ella pidiera un deseo adicional.

Iban pasando los meses y el hospital ya era parte de la rutina, cuando una tarde del año sesenta y cinco, apenas la puerta se abrió y Rosa María invitó a entrar a María Rosa, otra puerta se abrió también, contrariando todas las reglas, y aquel hombre alto que su mujer solía apodar "alemán" asomó el cuello y, sin palabras, le hizo a Justino con la mano señas de que se acercase.

El alemán, apenas entró Justino, comenzó a hablar en un susurro y él creyó advertir que lo de "alemán" superaba el apodo ya que el otro, a flor de labios, tenía un acento marcado, unas erres como sin filo, unas úes que pronunciaba con labios dignos de íes. El alemán, pensó, era un alemán en serio. Y oyéndolo hablar tan mal, Justino presumió que era un recién arribado al país. Resultó, no obstante, que llevaba alrededor de veinte años alejado de su tierra, que no era Alemania, no, que era Dinamarca, país que en la mente de Justino y de todo el personal hospitalario no despertaba ni una mísera imagen, "como la palabra más abstracta del mundo", dijo papá mientras nos contaba esta parte de la historia, y mamá acotó, recordamos, que por esta razón quizás el apodo lo hacía "alemán", arrebatándole esa nacionalidad que uno no sabe muy bien si denominar "danesa" o "dinamarquesa".

Detalles al margen, el alemán no sólo hablaba raro sino que cometía unas faltas que solían mover a risa, como decir "la problema" o decir "el leche", y esto porque, arguyó papá, era extranjero por partida doble, a diferencia por ejemplo de nuestro abuelo materno: no en vano el alemán había debido aprender otro idioma, de manera que si el abuelo, ahondó papá, era "extranjero" con minúscula, el alemán lo era con "e" mayúscula, pero esta teoría la acogimos con alguna reticencia, entonces papá se vio forzado a agregar (para salir del pantanal en que estaba metiéndose) que algo análogo sucedía con el monarca, campeón con "c" minúscula hasta alzarse al fin con la corona mundial.

Para ser francos, todo esto del alemán era muy muy aburrido para nosotros, que no tolerábamos ni media digresión fuera del boxeo. Sin embargo, contrariamente a nuestro caso, mamá había mordido el anzuelo, y si al inicio pregonaba la inconveniencia de orientar el relato hacia otro hospital, ahora le complacía advertir que el alemán era capaz de imponer una pausa a esa inmersión en el pugilismo que ella veía con disgusto.

Desde la muerte de Berta, mamá dormía con ayuda de unas pastillas y se sobresaltaba con facilidad por cualquier ruido o cualquier cosa. Tía Berta era la primera de la familia en morir después de la abuela. En el medio habían pasado unos quince años, suficientes para que los mecanismos de acostumbramiento a la muerte, si es que existen, se hubiesen desactivado. Cierto que las muertes previas, la del abuelo y la abuela, habían llegado para mamá de la mano del encuentro con papá o del nacimiento del mayor, vale decir que otros hechos habían obrado a manera de anestesia o de contrapeso, mientras que aquí no se observaban contrapesos.

Tal vez consciente de esto, papá dejó en suspenso la historia boxística, concentrándose en la amistad entre Justino y el alemán. Fueron "noches al revés", según el menor de nosotros. Ahora los hijos interrumpían el relato con comentarios infelices, ahora mamá pedía silencio con un dedo contra los labios. ¿Cuánto inventaba papá? ¿Cuánto podía tener de cierto una historia que, incluso hoy, suena ilógica, impostada, en la boca de Justino? Y, más aún, ¿cuánto inventó a su vez mamá, puesta en los años noventa a rememorar unos hechos que nuestra atención infantil desde luego no retuvo ni podría haber retenido?

Mamá nos reveló en los noventa que papá, llegado el turno de esta historia, no había volcado cuanto sabía sobre el mantel, sino que algunas escenas que él estimaba "prohibidas para menores" las había proyectado luego en una segunda pantalla: en las sábanas de su lecho conyugal, cuyo colchón con evidencia no era el mismo de su legendario encuentro callejero.

De las "escenas censuradas", que mamá vino a rescatar casi dos décadas después, ninguna nos subyugó tanto como la primera charla entre Justino y el alemán. El médico había sentido el deber de decirle a Justino que, según su visión personal, no era sano que él y su esposa evitaran conversar acerca de la enfermedad. De haber sido Justino otra persona, de haber sido no tan cordial el alemán, su primera entrevista habría terminado pésimamente. Menos mal que el alemán tenía una manera gentil de abordar hasta los temas más espinosos. Y además, en segunda instancia, lo que estaba diciendo era que María Rosa se hallaba al corriente de todo y que si ella no aludía al tema se debía a que, presa de un miedo algo rudimentario, pensaba que su esposo no estaba informado y no deseaba preocuparlo.

Pese a que valoró lo dicho, Justino se descubrió incapaz de afrontar a María Rosa. En un principio se justificó pensando que era ella quien lo impedía, poniendo distancia, evitando hasta el menor acercamiento. Luego empezó a reconocer que el problema no era tan simple. Y se inquietaba. Y se angustiaba. Pero por suerte, cada tanto, podía confiarse al alemán.

Como hallaba muy buen refugio en esas charlas, ahora Justino también cruzaba los dedos, pidiendo para sus adentros "que no le toque el alemán", así mientras Acosta o incluso mejor Rosa María se ocupaban de María Rosa, él podía aclarar sus ideas con ese médico extranjero.

No fue sino mucho más tarde cuando se puso a pensar que todo parecía montado con alguna alevosía: que el alemán ya no atendiera a su mujer y que, por arte de magia, se hallara siempre libre en la misma oficina, todo eso superaba su noción de azar. "Pero qué importa", meditaba todas las veces que, asomando a la sala medio cuerpo por la abertura de la puerta, el alemán lo invitaba a entrar.

El nombre del alemán era Gustav Nansen y también era Gustav Krag o Kragh o "algo por el estilo", dijo papá, no porque tuviese un apellido danés y otro apellido alemán, como podría inferirse maliciosamente, sino porque en plena guerra, habiendo cumplido él quince años (tal como el mayor de nosotros al momento del relato de Justino), la familia Krag o Kragh, pongamos Krag, había escapado de Dinamarca con otras familias también judías y el apellido había sido cambiado por razones de supervivencia.

La fuga, el alemán se la contó a Justino y este se la contó a papá y papá la vertió delante de nosotros en varios días consecutivos, pero llegado un punto mamá no pudo sino soltar: "Qué cosa extraña" porque, en efecto, según llegó a averiguar más tarde el mayor de nosotros, vuelto ya profesor de historia, la fuga de los siete u ocho mil judíos de Dinamarca se dio de modo inusual, entre agosto y septiembre del cuarenta y tres: después de que la jerarquía nazi avisara en Copenhague de una inminente oleada de deportaciones, casi todo el país había dispuesto un éxodo masivo que, para su tramo final, contó con los barcos de los pescadores del mar del Norte.

Que los nazis soltaran tal información puede sonar inadmisible, pero fue de todo menos inocente, o esto dio por sentado el mayor de nosotros luego de varias lecturas, ya que de todas las hipótesis posibles hoy se estima que los nazis, excedidos en los gastos del exterminio, dejaron filtrar la noticia a sabiendas de que así, sembrando la alarma y la solidaridad, obtendrían una Dinamarca sin judíos.

En la familia Krag o Kragh la madre no era judía, sino de ancestros noruegos, en tanto el padre era una figura popular, justa mezcla de empresario e intelectual, cuyo hermano mayor, el tío predilecto del joven Gustav, era rabino en Copenhague. El padre de Gustav había tomado parte de aquel éxodo, bastante a regañadientes, empujado por su esposa y por el rabino Krag. El resto puede resumirse en pocas líneas: el cruce en barco hasta Suecia, el viaje posterior a Oslo, la emocionada recepción de la rama noruega de la familia, el desenlace de la guerra, la decisión de Gustav de ir a Sudamérica "a estudiar y probar suerte", y la medida preventiva de abandonar "por un tiempo, por las dudas" su apellido en beneficio de otro no escogido al azar, sino del apellido de su madre, curiosamente igual al de esos pasaportes expedidos a refugiados, perseguidos o apátridas.

Si a Justino le agradaba la compañía del alemán era, en parte, por la capacidad de escucha de este último, pero también por lo mucho que aprendía de él. Y aunque Krag no tenía el perfil de ser adepto a los deportes, así y todo, no bien oyó que Justino había boxeado de forma profesional, se puso a evocar, con los ojos más brillosos que otras veces, cierta pelea, la revancha entre Max Schmeling y Joe Louis. El alemán se acordaba aún de la entrecortada transmisión radial, que papá enseguida aprovechó para readoptar su aguda voz nasal: su voz de "speaker".

Pese a que creía conocer a fondo la historia del boxeo, Justino ignoraba los entretelones de esta pelea. Había oído decir, por supuesto, que la propaganda nazi presentaba al campeón del mundo Schmeling como ejemplo de "supremacía aria". Sabía que, en el treinta y seis, Schmeling había vencido a Louis. Pero este segundo combate, a fines del treinta y ocho, sobrepasaba el desquite personal: era la pelea del negro contra el ario, del mundo libre contra las ideas de Hitler.

Justino y papá recordaban que Louis había noqueado a Schmeling en menos de dos minutos, como si demoliera a golpes las teorías sobre la inferioridad negra. Lo que en cambio desconocían era que Schmeling, nunca afiliado al nazismo, había tenido un entrenador judío al que defendió de Hitler. Y mucho menos que, a meses de su derrota con Joe Louis, había salvado a dos niños, los hermanos Levin o Lewin, del pogrom de Kristallnacht: dos hermanos judíos que, así contó el alemán, tuvo la audacia de esconder en un hotel de Berlín, hotel donde solía parar, hasta que ambos llegaron vivos a los Estados Unidos.

Otra tarde Krag le relató a Justino, con buen lujo de detalles, la vida de Schmeling terminada esa guerra durante la cual había sido traicioneramente enviado por los nazis a un par de misiones suicidas. Lo singular era que, si nuestros recuerdos son exactos, Schmeling no sólo había pagado de su bolsillo el entierro de su archirrival Joe Louis, sino que en silencio lo había ayudado en cada uno de sus muchos naufragios financieros.

Según creía el alemán, Schmeling había tenido suerte en perder aquella pelea. De haberla ganado se habría vuelto, contra su voluntad, todo un héroe bélico, alguien visto por la gente como un cómplice de Hitler.

VIII

Justino llevaba ocho años distanciado del pugilismo cuando, casi a finales del sesenta y cinco, tal como le contó a papá, Krag lo tomó desprevenido al invitarlo a una velada de boxeo. Al alemán le parecía lo más común asistir con Justino a un evento como ese, de modo que con una sonrisa espontánea, una sonrisa segura, de la nada sacó dos localidades mal impresas. Lento de reflejos, Justino no reaccionó enseguida. Pese a sus charlas y a sus muchas infidencias, no había llegado a decirle a Krag que el boxeo formaba parte del pasado, incluso como espectador, así que en vano quiso usar a su mujer para excusarse porque, en sus propias palabras, "María Rosa está muy mal, no es buena idea dejarla sola".

Advirtiera o no el alcance de las reticencias del otro, Krag insitió por dos razones en el fondo bien distintas: porque deseaba ver un combate en directo al lado de un entendido, y porque tenía una noticia para dar, una noticia relativa a la salud de María Rosa, y algo lo empujaba a creer que ese contexto agitado, por no decir casi brutal, haría que el anuncio sonara menos grave. No era su método normal con los pacientes, no era él de mezclar trabajo con tiempo libre, pero Justino, siendo estrictos, no era un paciente ni tampoco alguien normal para Krag.

Lo que más disuadía a Justino de asistir a una pelea o, peor, a una velada con muchas peleas, no era tanto lo que pudiera suceder sobre el ring como entre el público. Esa legión de ex peleadores penando por digerir el retiro y el paso del tiempo, y que, por la misma razón, desde las butacas observan con petulancia a los jóvenes. Esas observaciones fuera de lugar que, en sus tiempos de boxeador, él había alcanzado a escuchar en plena acción, entre las cuerdas. Todo ello le causaba una mezcla de pena y aprensión.

Acaso porque el alemán había comprado las entradas más baratas, por extensión las más apartadas del cuadrilátero, Justino notó con alivio que no había alrededor ni un rostro conocido, y que, más aún, el rombo del ring, distante, bien circunscrito por las luces, era comparable a un juguete. Como excusándose, Krag dijo haber escogido esas plazas por "lisa y llana cobardía". Era la primera vez que iba a ver boxeo y, siendo alguien impresionable (por algo había resuelto no ser cirujano), le resultaba "preferible estar lejos de la sangre y las muecas de dolor", había razonado, ignorante de que a Justino la lejanía también le era de ayuda.

El programa incluía un par de combates cortos, a cinco rounds, y dos peleas más largas, a diez y doce rounds cada una. Durante los primeros combates la gente trató de ser comprensiva, a fin de cuentas se trataba de empeñosos aficionados. El alemán había previsto abrir la boca y aludir a María Rosa en el curso de la pelea que anunciaban a diez rounds. Sin embargo, concluido el primer asalto, mientras Krag se aprestaba a hablar, ante sus ojos, los de ambos, se desató una especie de tumulto. Era muy fácil entender lo que ocurría: quienes ocupaban los asientos lejanos, como ellos, asaltaban las plazas libres en los contornos del ring, para ver más y mejor. La respuesta de Krag fue toda una sorpresa, porque, de golpe, se diría que envalentonado, tomó del brazo a Justino y, como tía Berta cuando llevaba a la iglesia a tía Aurelia, lo arrastró una treintena de filas delante.

El gong del segundo round sonó mientras se sentaban. "Últimamente", dijo Krag, en el descanso preludiando el tercer round, "últimamente se descubren muchas cosas". Y tras una corta pausa: "El progreso de la ciencia", aulló en el oído del otro luego de estirar el cuello. Era su obligación informarle a Justino de un flamante medicamento, por qué no salvador para María Rosa, pero también debía decirle, o sería una verdad a medias, que el precio de ese medicamento era elevadísimo.

A Justino le costaba seguir a Krag ya que, pasados tantos años, el reencuentro con el boxeo, su antiguo ambiente natural, cumplía el mareante efecto de excitarlo, más desde que se habían aproximado al centro de la acción y una corriente física los envolvía, y el ring ya no era de juguete y los dos púgiles eran de carne y hueso, y uno de ellos, el más bajo, miraba al otro como si fuera a morderlo, y el más alto y esmirriado titubeaba como si hubiera bebido.

Promediando su alocución, más larga y aparatosa que lo previsto, el alemán tuvo la impresión de que Justino no le prestaba oídos. Pero como también podía estar ocurriendo que escuchara y que dicha actitud ausente fuera pura negación, pura actitud defensiva, decidió hablar un rato más antes de pasar a otro asunto.

Finalizada la velada, que no deparó nocauts, sólo cuatro fallos por puntos, Krag le confesó que esa noche, en su bautismo como espectador de boxeo, varios golpes habían logrado conmoverlo. Lejos estaba de imaginar, sin embargo, que para Justino había sido algo como un rebautismo, si se admite la expresión, un rebautismo decisivo porque, en los meses siguientes, volvió a entusiasmarse con eso que creía archivado, como si ahora que había aprendido ambos oficios paternos, relojero y cerrajero, de pronto fuera lícito reencontrarse con el boxeo.

Los renovados lazos de Justino con el pugilismo lo condujeron a seguir atentamente la carrera del monarca, sin perder de vista que a esa altura su último rival había salido de cualquier anonimato y, en consecuencia, no había forma de ignorar su trayectoria.

Nunca Justino se había interesado así, como mero espectador, en el boxeo. Nunca había observado con genuino interés los combates ajenos, ni siquiera cuando, activo, le sobraban las razones, y tampoco le había ocurrido de seguir con tal grado de fanatismo la campaña de algún otro, aun cuando este otro era su último contrincante, quien arrollaba oponente tras oponente y se perfilaba como aspirante a la corona mundial.

Justino tenía claro que, cuanto más ascendía el campeón, más valor cobraba su última pelea. En cierto aspecto el monarca peleaba por él, para él. Por algo los periodistas no dejaban de buscarlo. Y si María Rosa había dicho, al leer la primera entrevista, que más valía fomentar el incógnito, apenas dos años después el panorama había cambiado: María Rosa estaba débil para leer revistas o para recomendar conductas, las que fueran, y Justino no daba abasto con los gastos hospitalarios, por eso mismo se dijo que algunas entrevistas podrían aportarle un ingreso adicional y, con esto en mente, solicitó una suma exorbitante que un periodista le pagó sólo tras deliberar con su jefe de redacción.

Al siguiente periodista le exigió un diez por ciento más y su pedido volvió a ser aceptado. En la euforia, aumentó enseguida otro tanto. Esto ayudaba a desahogar su economía, aun cuando los montos que obtenía por cada entrevista en la que a grandes rasgos repetía las mismas cosas, menos que montos eran migajas al lado de las bolsas que percibía el nuevo campeón.

A cada entrevista que le hacían (o, para decirlo mejor, a cada publicación de sus entrevistas) sobrevenía infaltablemente, dos o a lo sumo tres días después, la visita del emisario tan dado a mirar atrás, igual que Justino en aquellas entrevistas nostálgicas, sólo que el emisario fingía ser un cliente y al azar tomaba un reloj, lo empuñaba o examinaba, y al pagarlo, porque no había visita sin compra, recién ahí rompía el mutismo y entre dientes, siguiendo órdenes y al mismo tiempo como cosa suya, soltaba un comentario acerbo que se suponía en sutil clave y era una queja por el precio del reloj, pero con expresiones como "esto es el límite", o en su defecto emitía un juicio sobre la calidad del reloj, el cual incluía por ejemplo las palabras "dudo que esto vaya a gustarle a la persona que me envía", y sin embargo él, Justino, aunque sudaba ante la fuerte presencia del emisario, no se atrevía a responder nada y se dedicaba, detrás del mostrador, a asentir con la cabeza o a enarbolar su mejor cara de desentendido.

La imitación que hacía papá del emisario ponía a mamá de mal humor, pero a nosotros nos producía un ataque de carcajadas allá mismo sobre el mantel y luego, en la nocturna oscuridad de nuestro dormitorio, nos provocaba un ataque de conjeturas porque nos preguntábamos cómo sería aquel individuo que cada cual se figuraba con rasgos distintos, aunque sin excepción imaginábamos en blanco y negro, como fugado de una clásica película de gángsters, al punto que quienes lo hacían mirar atrás, como si una grave amenaza le mordiera los tobillos, a lo mejor eran los gángsters, los otros gángsters de aquella película, y por qué no hasta el director de la película, todos tras él, deseosos de reconducirlo a ese país en blanco y negro del que nunca debería haberse evadido, si bien hoy nos pasa que, puestos a reconstruir esos años, o sea, los últimos setenta, los recuerdos flotan en un blanco y negro entre aguado y nebuloso, sin dudas un estado de ánimo también.

Después de la falsa bomba y de la muerte de tía Berta, papá tardó muchos meses en retomar su relato. Era ya marzo o abril del setenta y nueve, y lo que atañe a Justino a partir de este momento conviene tomarlo con pinzas, porque el ex púgil no iba al club con la asiduidad de antes y porque, de un tiempo a esa parte, no siempre que papá le salía al cruce él se decidía a hablarle.

Mamá nos dijo años después que ellos dos, lo más seguro, habían reñido por razones políticas, pero esto siempre nos resultó improbable, ya que si de algo se cuidaba nuestro padre era de manifestar cualquier opinión política delante de otras personas, y una vez hasta nos confió que él se comparaba a sí mismo con esos árbitros de fútbol que bajo circunstancia alguna revelan sus simpatías, de hecho nosotros nunca le oímos opiniones de esa índole, ni tan siquiera comentarios esporádicos, salvo esa noche en que, una década después, a fines del ochenta y siete, papá se jubilaba y le habían organizado un almuerzo y le entregaron como suele ser el caso un reloj de oro, o más bien bañado en oro, un reloj que andaba a diferencia del reloj catedral y que andaba para adelante a diferencia del reloj cangrejo del setenta y ocho, y en esa oportunidad, por única vez, en un susurro avergonzado como el de quien profiere extraordinariamente un grave insulto, papá nos dijo a nosotros y más que nada a mamá, sentada a su lado, que estaba muy muy feliz de haber pasado sus últimos cuatro años en el Congreso en tiempos de democracia. Pero fue la única ocasión en que le oímos a papá decir algo por el estilo, con la salvedad acaso de otra vez, a inicios del setenta y nueve, en que, hallándonos en Brasil, afirmó que a los gobernantes de turno, es decir a los militares, no quería él pedirles favores, sólo que en tiempos de esta historia y por muchos años más fuimos incapaces de interpretar la frase, que podría verse como honesta declaración de principios o como simple cobardía mal disfrazada de ética.

Con mamá sólo conversamos una vez sobre este asunto, cinco años tras la muerte de papá, o sea en el noventa y seis, y ella deslizó que la frase (más la brusquedad con que fue pronunciada) se debió menos al miedo y menos aún a la sorpresa, que al disgusto de que un tema semejante se tratara en presencia de sus tres hijos.

Ya no éramos niños en el setenta y nueve si se piensa que el mayor iba a cumplir dieciséis, pero lo éramos aún si se piensa que el menor tenía tan sólo once años, y puesto que papá nos ocultaba todo dato cruel (o todo hecho que estimase desagradable) poseíamos un candor infantil. Ahora bien, aquel verano habíamos ido a Brasil, a pasar enero en una playa al sur de Río de Janeiro a la que concurrían tantos pero tantos argentinos que era como quedarse en casa, y según nos acordamos de forma unánime fue allí que un matrimonio, también argentinos los dos, trabó amistad con mamá y papá, y resultó que ella y mamá tenían una muy muy querida amiga en común, o al menos una amiga a secas en común, y resultó que él y papá habían asistido al mismo colegio con diferencia de años y, pese a esta diferencia, ambos habían tenido a la misma señora Bacigalupo en historia y al mismo Negro Aguirre como profesor de geografía, y el mundo era un pañuelo y la confianza se iba acrecentando, y una noche, más allá de una verdosa cordillera de botellas descorchadas, el hombre y la mujer dijeron que ellos dos vivían desde hacía un par de años en San Pablo, en Brasil, no en Argentina, que habían salvado su pellejo de milagro porque el hermano menor de él y el sobrino de él y también la mujer de su sobrino estaban "desaparecidos", así empezaba a decirse en aquellos tiempos, y la cuestión es que ellos no le hablaban a nadie de esto pero ahora, al ver que papá cumplía funciones en el Congreso, pensaban que a lo mejor podría él por favor, si no era mucha molestia y que lo dijera en tal caso, podría rastrear el paradero de esos tres que tenían sus ideas políticas, las cuales no había que compartir ni apoyar ni justificar para, por lo menos "a nivel humano", así dijeron y a los tres nos quedó grabado, querer saber su paradero, y se hizo un silencio espeso y mamá tosió dos veces, aunque ella siempre alegó no recordar que había tosido, y al fin papá con la respiración raspante y con la cara algo más roja de lo que estaba por el sol dejó caer la frase citada, eso de no deberles nada a los gobernantes de turno, y por un rato todos quedaron sin habla, algo así como nuestras tías cuando se hallaban a solas, hasta que la mujer aquella que tenía una conocida que mamá conocía también, la mujer se incorporó vigorosamente y le dijo a su marido, al ex alumno de la señora Bacigalupo, que era tarde y era hora de dormir y, si el tiempo no nos juega una de sus malas pasadas deformando los recuerdos, es posible que el esposo antes de irse dijera una insensatez, o así lo juzgamos nosotros con la ignorancia de entonces, algo como "quien siembra vientos, recogerá tempestades", salvo que eso correspondiera a una canción de Jobim o Vinicius o João Gilberto, una de las canciones que escuchábamos ese año contemplando el mar.

Aquel verano marcó en múltiples sentidos el fin de nuestra inocencia. No sólo porque al día siguiente de esta escena mamá se vio acorralada por nuestras confusas preguntas y a su modo nos explicó lo ocurrido, procurando a cualquier precio no pinchar la ilusoria burbuja instalada por ella y por papá. No sólo por esto sino porque además ese verano el mayor de nosotros empezó lo que podría llamarse su educación sentimental, y en la semana final de aquel caluroso enero fue él quien nos hechizó por medio de un relato, no papá desprovisto de su boxeador, no papá furioso y cabizbajo tras el incidente.

A esto se sumó que en febrero, ya de vuelta en Buenos Aires, retomamos las visitas regulares de los sábados a la que por inercia denominábamos aún casa de nuestras tías, en plural, y advertimos que nada allí era lo mismo, ni la alfombra blanca ni la cama blanda ni la casa que ahora nos quedaba chica, o algo así en líneas generales, porque los tres habíamos crecido, no únicamente el mayor, y para coronar ese reencuentro tan decepcionante pronto notamos que el reloj catedral no se movía y que, a imagen de un perro cuando se hace el muerto, nos miraba entre aburrido y petrificado, o acaso allá, en ese hogar, la consecuencia irremediable de cada muerte fuese una pausa del reloj.

A esto se sumó que, a partir de aquel instante, algo pareció romperse en el ánimo de tía Aurelia, como si los resortes cada día más fatigados de su calma cama fuesen los mismos resortes de sus sonrisas que ya no afloraban con igual fluidez, lo que llevó a papá a creer que la tía Aurelia corría riesgo muy serio de convertirse en una segunda tía Berta, confirmando el buen ojo de los vecinos al tratarla de señora, o mejor dicho de "doña", en sus continuos encuentros de pasillo.

Mamá no nos explicó entonces que detrás de la tiabertación de Aurelia yacía un motivo que era la desaparición de Justino, quien después de haber asomado la cabeza en el entierro, pero sólo la cabeza y para peor emparaguada, no había dado el paso siguiente, o al menos lo que la tía viva calculaba como el solo paso posible, esto es: ir a visitarla para expresarle su pésame. Que la muerta antes de morir no le hablara casi a la viva no implicaba que ahora los demás debiesen expresar su pena de manera idéntica, sin dirigirle tampoco la palabra.

Mamá no nos explicó esto y por lo tanto cómo saber que Justino estaba, por así decirlo, desertando de los dos frentes, de forma tal que ambas historias, la romántica que le contaba Aurelia a nuestra madre y la de acción que nuestro padre relataba por las noches, ambas se secaron al punto, igual que un único río.

IX

Fue casi inevitable que Justino consultara con el alemán su idea de otorgarle por fin un desquite al monarca.

María Rosa llevaba meses concurriendo al hospital, cuando Justino le confesó al alemán las razones que lo incitaban a aceptar la proposición, y hasta se vio explicándole que en la revancha él no veía un fin sino un medio, a diferencia del campeón: un modo de saldar las deudas y de pagar el costoso medicamento del cual él, Krag, le había hablado hacía semanas.

"Vamos", profirió el alemán y, tomándolo de un brazo, lo condujo por un muy lento pasillo. Justino no preguntó adónde lo llevaba: era un ala del hospital que olía a nueva, un ala donde, dijo Krag antes de entrar, había dos máquinas inmensas cuyo valor superaba al del edificio que las contenía.

El más cansado de los dos a raíz de aquella caminata era Justino, cada día en peor estado.

"Yo comprendo el plan de volver a boxear, pero antes debemos saber si usted realmente está en condiciones de hacerlo", habló Krag, poco y nada afecto al tuteo, aunque en realidad dijo: "Es en condiciones".

"Las máquinas", agregó mientras le tiraba de la manga para llamar su atención, "las máquinas tienen la respuesta indicada".

Justino se había esperado una charla, hasta una discusión, no un estudio médico, no una reacción tan pragmática (o, como la llamó papá, "tan alemana") por parte del doctor Krag. Así que, mientras visitaban las máquinas, Justino insinuó una queja, él no tenía con qué pagar esos estudios.

"Yo me encargo, no hay problema", dijo Krag y él no pudo sino aceptar. Era como si del rincón hubiesen tirado la toalla.

Los resultados no tardaron en llegar, menos de cinco días después, bajo la forma de una nutrida carpeta llena de gráficos y cuadros. El alemán quiso explayarse sobre un problema renal, pero Justino cada dos por tres decía: "Que no se entere María Rosa", y cuando Krag pasó a explicar que volver a boxear comportaba un "gran riesgo", Justino le clavó una mirada extraviada, hecha de tanta sorpresa que fue como si el alemán le hubiese hablado en danés.

Como todos los pugilistas, pero acaso un poco más, Justino no toleraba que alguna gente amalgamara a las personas violentas con el boxeo, menos cuando a sí mismo se tenía por un tipo pacífico. Sin embargo, ahora que el boxeo, lejano como actividad, estaba de vuelta como interés nostálgico, una especie de violencia incontenida se manifestaba en él, no tanto en sus puños y en sus gordos nudillos como en la boca del estómago o también en la garganta. Desde luego que esta furia podía explicarse fácilmente: los doctores Krag y Acosta, en una preocupante aparición a dúo, le habían anunciado que María Rosa ingresaba en la "fase terminal", aun cuando ofreciera un aspecto de tramposa lozanía.

Por mucho que hasta aquel momento habían fingido, María Rosa y él dejaron de esquivarse. Decir que les resultó fácil sería mentir. Él no tenía una idea muy clara de cuán grave estaba su esposa. Además, por esos días, ella empezó a detectarle esos súbitos arranques de violencia. ¿Todo porque ella se moría? En parte sí, pero también porque los estudios de Krag, recomendando que se abstuviera de volver a boxear, lo ponían de pésimo humor.

En los ojos de Justino se leía su desamparo. Furioso, incriminaba a Acosta, y ante todo al alemán, de conducirse deslealmente, a instancias de María Rosa, quien no deseaba verlo otra vez en un ring. Todo era una simple conjura.

Una querella acompañó a la lectura de los diagnósticos, una querella delante de mucha gente, en un pasillo concurrido. A tiempo, el alemán había logrado serenar las aguas. Pero fue como si tras esto Justino buscara concluir a cualquier precio aquellas dos peleas truncas (con el monarca y con Krag), descargándose con el primero que se cruzara por su camino.

Cuando no se trenzaba en una discusión con un cliente, parecía buscar riña en el club o en la calle, o hasta en su hogar con María Rosa, y salía el tema de las deudas o del dinero requerido para el costoso remedio, entonces él se ponía peor. Debía desoír al alemán, desoír a Acosta también, y aceptar el reto que el monarca le hacía por medio de ese emisario que, actuando como un cliente, más que exhortarlo a no dar nuevas entrevistas pretendía, sin gran disimulo, una respuesta positiva.

Aquel año, el sesenta y seis, varios otros periodistas acudieron a entrevistarlo porque el campeón seguía invicto.

Justino les pidió esta vez un importe algo excesivo, poco menos que un disparate. Uno aceptó, salvo que cuando salió impresa la entrevista Justino no supo explicar si el periodista lo había traicionado alterando sus dichos o si, en efecto, en otro arrebato de ira, había soltado él tamañas bravuconadas.

Restaba esperar ahora la visita del emisario, pero ello no sucedió, quizá porque su ausencia era un mensaje más claro y también más inquietante que una aparición como tantas.

Quien, en cambio, entró un día en el negocio fue nada menos que el monarca, el campeón invicto en persona, todo corpulento en un traje azul brilloso, y era un lunes muy temprano como si, casi sin duda, hubiese pasado la noche apostado en las cercanías, dentro de un coche por qué no, a la espera de que Justino subiera la dura cortina de metal, chirriante por falta de aceite, gesto comparable al de izar una bandera, gesto que marcaba el inicio de cada día laboral.

Papá nos refirió la escena, hasta donde le fue posible, como quien cuenta un duelo entre dos pistoleros y para dotarlo de vida salta de un personaje a otro, no sin atolondramiento. A nosotros, por culpa de esto, nos fue imposible despejar una serie de incógnitas. Lo indiscutible, en cualquier caso, era que al fin los rivales se reencontraban, años después de aquel pesaje y de aquel famoso combate, ocurridos en dos días distintos que, a la distancia, contaban como uno solo.

Era, además, la primera vez que se veían vestidos con ropas de calle. No era que antes se hubiesen visto totalmente desnudos, pero papá, tras mencionar este detalle, nos confesó que hasta tanto Justino no aludiera a ello, él no había meditado a fondo que no sólo los boxeadores, sino otros deportistas más (los nadadores, por caso), pueden no reconocer a un colega nunca visto en ropas de calle, lo cual en cierto modo le había pasado también a nuestro padre la vez que en el café del club había encontrado, de traje oscuro y corbata, a unos socios veteranos que por décadas y décadas había divisado en ropas de gimnasia.

Por papá supimos que Justino, escrupulosamente, se había puesto a desmentir lo publicado en la revista. La respuesta del monarca fue una mueca que podríamos traducir por "¿qué revista?", porque a la postre lo que deseaba el campeón, que no miraba hacia atrás sino de frente y a los ojos de Justino, era arreglar el tan anhelado desquite, de una vez y para siempre.

Justino repitió aquel gesto efectuado ante el emisario con la camisa, o puede que la camiseta (y su barriga más crecida en ese lapso), sólo que mostrar la barriga dejaba de ser un "no" para ser ahora, más bien, una forma de ponerle precio elevado al retorno: precio, diríamos, proporcional a su peso.

Con una especie de resoplo, el monarca dio a entender que lo tenía muy sin cuidado que él se hallara fuera de forma porque la oferta incluía, de hacer falta, la subvención para un entrenamiento, es más, para una total rehabilitación. El campeón pagaba con tal de que su primer rival recobrase un estado óptimo. Así, de salir victorioso, como era lo más probable, no quedarían dudas en cuanto a lo legítimo del triunfo. No razonaba, al fin y al cabo, tan distinto de quienes nutren y fortalecen a un toro que han de matar para probarse corajudos, salvo que veíamos a Justino como un toro capaz de darle una sorpresa al matador.

Por espacio de un día o dos jugamos a pensar cuál sería la respuesta de Justino al trato que ofrecía el monarca.

Uno de nosotros dijo que, de ser Justino, él aceptaría el desafío y apenas empezado el combate se arrojaría sin más al suelo, caería al primer golpe notorio, a fin de embolsar el dinero y de escapar sano y salvo, pero los otros retrucamos que el campeón en ningún caso avalaría una farsa así y que, después de todo, alguien como Justino tenía (debía tener) su honor y sus principios.

Otro de nosotros dijo que, de ser Justino, en lugar de una segunda pelea, con el riesgo que conllevaba, le ofrecería al monarca que se reconsiderase el resultado de su primer choque, y aun cuando los otros exclamamos que esto era inverosímil, el que había sugerido el plan dijo que en el fondo nunca se sabe qué es inverosímil, de modo que Justino no perdería nada con escribir a la Federación de Box diciendo que, después de años, había optado, a falta de mejor salida, por enviar esta carta en la que manifestaba que bajo su "humilde pero autorizada perspectiva" los jurados de su última pelea habían cometido "un serio error" atribuyéndole por puntos el triunfo y que ahora él, puesto que aquella pelea "había merecido con toda evidencia ser un empate", ahora él, en pleno dominio de sus facultades mentales aunque no atléticas, solicitaba "se tuviera a bien" modificar el fallo transformando lo que en actas debía constar como "victoria por puntos en fallo dividido" en un "empate en fallo unánime", y Justino, o el de nosotros que jugaba por un rato a ser Justino, concluía esa carta exponiendo las razones que lo habían impulsado a obrar, y una era su deseo de "tener la conciencia en paz", mientras la otra razón tomaba en cuenta la meteórica carrera del monarca, a esta altura convertido en una especie de símbolo deportivo, y era injusto que el campeón se viera "privado de ser un púgil invicto" por culpa de aquel fallo, decía la carta imaginaria con una nota involuntaria de cinismo.

Por descontado, esa carta no se escribió ni se despachó, ni se podría haber enviado salvo con intención de broma, si bien Justino, el verídico, no el que uno de nosotros jugaba a personificar, probablemente alcanzara a considerar (unos segundos, al menos) la hipótesis de una pelea fraudulenta o de una rápida caída, porque todo esto barajábamos de noche, fascinados con el caso.

Lo que entonces no supimos preguntar (y después nos intrigó y pareció capital) era si el monarca, al presentarse en el local de Justino, estaba o no al corriente de la enfermedad de María Rosa, porque, de haber estado al corriente, Justino habría tenido razones para aborrecerlo y para olvidar que no estaba en condiciones de boxear más. Pero nosotros no tuvimos la lucidez de plantear eso en su debido momento, y tampoco mamá exigió precisiones al respecto, como a menudo lo hacía, o acaso sí las exigió aunque no a la mesa, no frente al mantel de hilo blanco y en presencia de nosotros, sino más tarde, en privado, porque sabíamos que mamá se reservaba preguntas y hasta ciertos comentarios para cuando se hallaba a solas con papá.

Tan pronto como papá relató la visita del monarca a Justino, mamá dijo que la insistencia del campeón a fin de obtener la revancha era difícil de creer, a lo que papá respondió, alzando los ojos al cielo, que una obsesión no debe medise con criterios normales. Pero mamá no se dejaba persuadir y retrucó, avanzada la semana, que el monarca había perdido la pelea más indicada para perder. Una derrota en su cuarta o sexta pelea habría representado un traspié más visible, en tanto el combate del debut computaba de otra manera, de manera menos dramática. Si hasta podía compararse con el caso de un bailarín que, previo a una magnífica demostración, da un paso en falso, decía mamá, porque en tal caso los presentes seguro que creerían ese paso inicial ajeno a la coreografía. En cambio, decía mamá, lo mismo no sería factible de dar el bailarín un traspié en pleno baile. O sea que todo en su conjunto se reducía a un factor de oportunismo, aunque el monarca no pensaba como ella, no concebía ningún mal paso, fuese el último o el primero, ni concebía mucho menos, dijo papá, la idea de un público clemente.

Mamá observó entonces que la historia, que ya iba para largo, era todo un disparate, porque el campeón no podría haber pasado así de inadvertido con todos los aficionados al boxeo que se contaban por el barrio. Pero papá, sin pestañear, arguyó que la presencia no había provocado revuelos porque el campeón había acudido ahí amparado en un disfraz, unos anteojos y un sombrero que hacían las veces de tal, casi como Justino durante el entierro de tía Berta, y al entrar había atrancado la gran puerta acristalada de la que pendía el cartel con "abierto" en letras verdes y, al dorso, "cerrado" en letras rojas, colocándolo de manera que hacia la calle rezara "cerrado" y, por consiguiente, en su charla ningún curioso había podido inmiscuirse.

X

Durante su juventud, y no sólo durante ella, tía Aurelia había hecho cuanto estaba a su alcance por diferenciarse de su hermana mayor. Tanto esmero puso en esto que cabe concluir que su vida fue, en el fondo, un acto de rebeldía contra lo que encarnaba física y moralmente tía Berta.

    Si Berta se recogía el pelo en una fina redecilla cuadriculada, al contrario, la tía Aurelia lo llevaba largo y suelto, si Berta era una apasionada del café fuerte y negro, Aurelia era una empedernida bebedora de té, en lo posible con leche, y si Berta de vez en cuando escuchaba un disco clásico, que ineludiblemente tenía algo de coro angelical, por el contrario, la tía Aurelia amaba la peor música (la instrumental que resuena en los ascensores o en los grandes supermercados) y, siempre que encontraba un rato, ponía a un volumen mucho menos apocado que su hermana alguno que otro de esos discos de Ray Conniff, en cuya tapa el propio Conniff sonreía con barba de Papá Noel.

Cotejar las habitaciones de una y otra dejaba ver lo opuestas que eran nuestras tías, aunque, inmaduros, no advertíamos el calibre de sus hondas diferencias.

Había, con todo, similitudes entre ellas, que habían abrazado una misma profesión, sólo que, vista la diferencia de edad, casi no habían estado en situación de ejercer de manera simultánea la docencia, porque cuando en el sesenta y tres, cancelada ya su boda, Berta dejó la enseñanza de geografía, por entonces Aurelia firmaba su primer contrato como maestra, en este caso de historia, en un colegio de varones que quedaba justo enfrente de la escuela femenina en la que, pasado un buen tiempo, Berta daría sus clases de religión.

Si hemos de creerle a mamá, Berta había dictado con visible entusiasmo esas clases de religión. Puede que las alumnas no aprendiesen nada o, mucho peor, que las lecciones resultaran perjudiciales, como le daba pánico al rector del establecimiento. Para nuestra tía, no obstante, esa rutina de lunes y martes había supuesto una tabla de salvación. De no ser por el padre Otero y su idea audaz de convertirla en catequista, quién sabe qué cosa peor habría ocurrido, especulaba nuestra madre.

Tras la muerte de tía Berta fue casi sensato saber que ella legaba sus ahorros (no tan nimios como podría suponerse) a la iglesia de la esquina, capitaneada por su amigo Otero.

Tía Aurelia nunca había sentido animadversión por Otero, al menos no hasta el día en que un notario la convocó y, delante de mamá, leyó en voz alta y pausada el testamento de Berta. Convocado también, Otero había preferido excusarse. Y esto, gruñía la tía Aurelia, porque en el fondo sentía oprobio de pensar sólo en embolsar el dinero.

Mamá comprendía a tía Aurelia, pero le daba temor que, escudada en lo desfavorable del testamento, en adelante le exigiera cada miércoles un monto incluso mayor.

El testamento causó muy pocas sorpresas. Pero una vez que el dinero ya había ido a parar a la iglesia, si no a los bolsillos de Otero, mamá y Aurelia tropezaron con un dato inesperado, una revelación que involucraba a Berta y que, en su debido momento, ellas dos y papá nos ocultaron.

Más de una década después, a fines del noventa y uno, muerto papá hacía muy poco, mamá nos deslizó que todo lo ocurrido entre la tía de menor edad y el púgil de más edad (su encuentro y su desencuentro), todo eso ella lo había malinterpretado durante años, porque la propia narradora, la tía Aurelia, había estado equivocada en cada una de sus conclusiones, y por obra de sus errores había arrastrado a mamá a un territorio engañoso. Explicado de otra forma: si para la historia deportiva papá había tenido en Justino a un informador confiable (aunque ausente, a partir de cierto punto), en su defecto mamá, para la historia romántica, había contado con una informadora despistada y poco fiable.

Mamá pensaba que Justino y tía Aurelia habían vivido un romance desde cuando, allá por el setenta y cinco o setenta y seis, su hermana le diera la noticia de que un hombre se ofrecía a revivir el reloj de la habitación del medio, habitación que en su dudosa cualidad de zona neutra poseía una dosis del agrio temperamento de Berta pero otro tanto del humor menos austero de Aurelia. Con igual celo que nosotros, mamá había visto los vaivenes del reloj, que andaba y dejaba de andar y volvía a hacerlo y se enfrascaba nuevamente en un mutismo, como amilanándose, y por mucho que nuestro padre nos tuviese habituados con sus historias a los objetos que cobraban movimiento, a mamá no la convencían ni por asomo los argumentos de las tías, ni esa versión de Aurelia para quien el reloj poseía voluntad propia, ni esa versión de Berta para quien el reloj latía cuando Dios lo ordenaba, y por esta causa mamá pasó a interrogarse con igual inquietud que nosotros sobre las fallas del reloj y sobre cuánto se ocultaba bajo esa secuencia de actos y entreactos.

Había llegado mamá a comentar el caso con papá, sin nosotros ahí presentes, y ambos al cabo de incontables conjeturas habían arribado a una hipótesis que no había cómo probar sin hacerle antes a Aurelia preguntas de todo tipo sobre su vida privada, preguntas que, en lo profundo, nadie tenía derecho ni ganas de hacer. Era la hipótesis de ellos que si, tras diez años en coma, aquel reloj había vuelto a exhibirse en punto, no se debía a ningún factor maravilloso, sino a que Justino frecuentaba la casa de las tías y en todas las visitas, verosímilmente, aprovechaba para introducir la llave y darle respetuosa cuerda al artefacto.

Unos cálculos en nada fantasiosos confirmaban la hipótesis: el reloj se había detenido en el año sesenta y tres, después de muerta la abuela, y no había andado ni una vez hasta mediados los setenta, si mal no recordaba mamá. Este período era el mismo en que tía Berta, tras haber puesto punto final a su encierro y a su lectura de la Biblia, impartía clases y comenzaba (recomenzaba, digamos mejor) a vestir bien, a salir regularmente, aun cuando nadie estaba todavía al corriente de que esas salidas conducían a una iglesia donde esperaban otras Biblias.

Era indudable, a criterio de nuestros padres, que Justino había empezado a visitar aquel hogar y a tener acceso al reloj recién a partir de que Berta, en paralelo, hubiera comenzado a "despejar la costa", por citar la expresión trillada.

En resumen, mamá pensaba que Justino le hacía la corte y tal vez otras cosas más a tía Aurelia en esos mismos momentos en que tía Berta iba a ver al padre Otero, o dictaba sus clases de religión, y mamá pensaba además que cuando Berta decía que al reloj lo movía la voluntad del señor estaba diciéndolo en serio, de obsesionada por los milagros que imaginaba y predicaba Otero.

Debieron pasar varios años para que mamá comprendiese (y, mucho después, nos dijese) que la hipótesis que ella y papá abrazaban era el revés de la verdad. Porque Justino, sí, con su llave echaba a andar el reloj. Pero el motivo que lo llevaba a frecuentar la casa de nuestras tías no era Aurelia, sino Berta, créase o no. Y si bien él no se dirigía a aquel hogar cada semana sin falta, sino muy de cuando en cuando, lo hacía los miércoles en que, según la tradición doméstica, Aurelia se plantaba ante mamá y le arrancaba a la postre algún dinero, ya que Berta con evidencia le había comunicado a Justino ese dato, ese cronograma que Aurelia no infringía.

Vaya uno a saber cuántas veces mamá y tía Aurelia habían hablado de Justino, creyéndolo enamorado de esta última, mientras al mismo tiempo el supuesto pretendiente de una ponía su empeño en convencer a la otra de lo puro de sus sentimientos.

Hasta papá, desde siempre tan perspicaz, había supuesto que Justino le daba charla en el club y le obsequiaba su historia, la que luego él nos refería a nosotros, como estrategia para llegar a tía Aurelia.

Las verdaderas intenciones de Justino eran difíciles de creer porque Berta, a partir de su boda fallida y su crisis ulterior, había sido catalogada como "fuera de competencia", a imagen de un deportista muy veterano. Pero mamá supo finalmente todo esto por tía Aurelia, y si Aurelia pudo desentrañar la intriga del reloj fue en virtud de un sólido fajo de cartas que, envuelto en una cinta de terciopelo color celeste, había encontrado en un cajón de la que en vida había sido la cómoda de tía Berta, la misma cómoda blanca, plagada de vastos cajones, donde Aurelia había hallado además no una Biblia cualquiera, sino la Biblia en otros tiempos propiedad colectiva de los Hernández y en el presente colmada de anotaciones fruto de una sola mano, la de Berta, y en cuyos vastos cajones, sólo que envueltos en un lazo color rojo, Aurelia había dado también con unos libros de geografía y con unas fotos viejas en las que Berta aparecía jovencita y con el pelo tan negro, al viento y largo, que alguien ajeno a la familia podría haberla tomado por ella, por Aurelia.

Tía Aurelia había tardado meses en husmear esos cajones, no por sentirse libre de curiosidad, sino porque algo que cabe llamar escrúpulos la frenaba e intimidaba mientras no tuviera un motivo real, no una "tonta coartada", para esta acción.

Curiosamente nosotros, según los dichos de mamá, ayudamos a que Aurelia encontrase el motivo faltante, un sábado del ochenta u ochenta y uno en que, sin sospechar lo que provocarían nuestras palabras, el mayor le pidió a nuestra tía que explicase por qué el reloj catedral no funcionaba. Tía Aurelia, en lo que a ella respecta, se había planteado muchas veces este mismo interrogante. De hecho, en los últimos tiempos en que aún vivía Berta se había planteado cómo diablos el reloj entraba en acción los miércoles. Su conclusión fue cándida al lado de la causa genuina. Tía Aurelia se dijo que, sin lugar a dudas, Berta atesoraba la llave antes en manos de la abuela, y que había inventado eso de que no la localizaba y eso de que nuestra abuela había sido inhumada con la llave a cuestas, lo había inventado para tener un acceso exclusivo al reloj.

Aurelia se había puesto a abrir esos cajones persuadida de que allí encontraría la llave del reloj y, desde luego, sus planes incluían el descubrimiento de más cosas, por qué no de uno de esos pobres secretos que la muerte del detentor vuelve más pobres todavía, pero la llave no apareció en ninguno de los cajones y, en cambio, Aurelia se topó con el manojo de cartas.

Delante de tantas cartas, nuestra tía quiso suponer que eran las del prometido estafador, sus cartas que Berta no había tenido el valor de romper o de quemar o de echar merecidamente a la basura, y por un rato todo le dio la razón, porque había tres cartas del prometido joven, e, indignada, ella pensó que tres era una cifra baja para conformar el total de un epistolario amoroso, salvo que Berta hubiese hecho una selección basada en ciertos criterios, y esto cavilaba Aurelia cuando de pronto, estupefacta, vio que en las quince o veinte cartas que restaban la letra era siempre la misma y vio que todas llevaban la firma de un tal Justino.

Lo que por un rato le pasó a la tía Aurelia fue como lo que nos pasó a nosotros, incapaces al principio de establecer un nexo entre el Justino que tenía un negocio a pocos pasos de casa y el Justino protagonista del relato de papá. Sólo hasta que hubo leído al menos dos o tres cartas y hasta que una acumulación de datos y de palabras, "reloj", "boxeo", "llave", "cerrojo", por citar sólo algunas, golpearon a sus ojos de lectora con regularidad, Aurelia entendió que el Justino que ella creía conocer y el Justino que firmaba al pie de ese aluvión de cartas eran una sola persona, por mucho que doliera admitir eso.

A mamá, Aurelia no la puso de inmediato al corriente de este hallazgo, sino que se tomó su tiempo hasta haberlo digerido por lo menos parcialmente. Entonces, sí, un miércoles le dijo que la presencia emparaguada de Justino en el entierro de Berta se explicaba de una vez por todas con facilidad.

La revelación de que Justino no cortejaba a Aurelia, sino a Berta, le hubiese sonado inaceptable a mamá de no ser porque ella había conocido a Berta en sus tiempos de juventud. Y, si nos atenemos a cuanto tía Aurelia había leído en aquel manojo de cartas, Justino y Berta habían compartido un brevísimo amorío cuando ambos tenían dieciséis o no más de diecisiete años, lo cual equivale a los siete u ocho años de mamá, quien no podía escuchar ahora esa noticia sin pensar que, en sus tiempos mozos, Berta había sabido tener muchos más admiradores que cuantos fieles acertaba a reunir Otero en la misa del domingo.

Mamá nos decía con expresión orgullosa que, pese a los ruegos de Aurelia, ella se había negado a leer las cartas de Justino a Berta, y no nos mentía en absoluto, con excepción de una carta que tuvo la audacia de leer un poco contra sus principios, una que era la más impersonal de toda la cosecha, puesto que en lugar de pintar emociones o sentimientos se hacía eco de una historia que involucraba a los Hernández en un sentido general.

De darle crédito a esta carta, Justino había puesto los ojos por primera vez en Berta una tarde en la que, aún muchacho, había acompañado a su padre, relojero y cerrajero de aquel barrio, en una intervención de esas que (haciendo pensar un poco en los médicos visitadores) efectuaba en los hogares necesitados de arreglos no siempre tan urgentes como se creía.

El padre de Justino dejaba las rondas de visitas para luego de las siete de la tarde, para después de haber cerrado su local y haber bajado esa cortina que distaba entonces de desgañitarse. Dado el horario, hacía las rondas de la mano de su hijo, lo cual le permitía, como suele decirse, matar tres pájaros de un tiro, ya que, punto uno, le enseñaba al hijo trucos del oficio, pero también, punto dos, charlaba un rato con Justino de esos temas que los hombres hablan mejor entre ellos no sentados y de frente, sino de perfil y andando por la calle, en lo posible por una calle en penumbras, y para terminar, punto tres, aparecerse con Justino hacía que los vecinos le tuviesen un mayor aprecio porque, aparte de ser un tipo que trataba con engranajes y piezas engrasadas (cosas que la suerte ha querido indistinguibles de esos mismos sospechosos implementos que manejan los ladrones de ganzúa y de ropa oscura), aparte de esto los vecinos descubrían no sin alivio que él era un ser de carne y hueso, con una familia y con un hijo gordito, tal vez, pero de ojos muy mansos y sonrisa sin maledicencia.

Justino había estado enamorado de Berta, reconocía, desde esa tarde del treinta y cinco o quizá del treinta y seis en que había acompañado a su padre a casa de los Hernández.

Nuestro abuelo, en esa ocasión, había sufrido algún percance con una llave quebrada, pero al tener a mano a alguien también ducho en relojería pidió que le echaran un vistazo a su reloj catedral que, aprestándose a marcar otro aniversario de bodas, de un tiempo a esa parte atrasaba, y lo hacía varios minutos, cuando no soltaba ruidos carrasposos.

Según el padre de Justino lo del reloj era simple, y en lugar de un arreglo recomendó una limpieza a fondo. Lógicamente que para ello debía llevarse la máquina, llevársela y desmontarla, con las precauciones del caso, en la trastienda de su pequeño negocio, en el taller carente de ventanas y todavía más pequeño que la antesala para clientes.

Nuestro abuelo consintió sin evaluar la angustia que al tiempo ganaba a nuestra abuela, más aún al ver cómo entre Justino y su padre envolvían el frágil reloj, porque para ella era frágil, sirviéndose de una arrugada franela color arena, cómo ataban el conjunto con unos lazos y, algo semejante a un secuestro, lo metían en un amplio bolso de arpillera cedido por el abuelo, porque ellos dos, desprevenidos, no habían llevado bolso alguno, y entonces, justamente entonces, sosteniendo Justino con sus brazos gruesos y ya un tanto musculosos ese reloj embolsado, y mientras con parsimonia el padre de él saludaba a nuestro abuelo y a nuestra abuela que, pobre, contenía las lágrimas, entonces apareció Berta y los ojos de Justino se encontraron con los de ella y poco faltó para que, con bolso y todo, el reloj fuera a dar al suelo como un anexo inestable del corazón de Justino, o a lo mejor de los dos corazones, pero ni el reloj se cayó ni Berta dejó de mirar, a diferencia de esas chicas que, sin ser dueñas de la mitad del encanto que ostentaba ella, se encargaban todas las veces de esquivar las miradas que él les tendía con ansiedad. Cosa infrecuente, Berta no, Berta le sostuvo la mirada con aire desenvuelto, como si estuvieran solos, y así habrían pasado días, exageraba él en su carta escrita décadas después, o incluso semanas enteras si ambos padres no hubiesen dicho "buenas noches" o algo así.

Mamá tenía unos siete años y tía Aurelia "menos uno", como solía bromear papá cuando refería un hecho previo al nacimiento de alguien, por lo que ninguna de ellas se acordaba de Justino, y aun de haber sido más estrecha la diferencia de edad tampoco habrían memorizado sus rasgos, sin hablar de relacionarlos con su aspecto posterior, puesto que entre el niño gordito y el ex púgil de complexión musculosa, salvo la abundancia de kilos y esa costumbre de balancear los puños semicerrados, había muy poco en común. Tan poco que, en caso de haber obtenido una foto antigua de Justino, quizá tía Aurelia habría sentido lo mismo que ante aquellas fotos de Berta cuando niña: la sensación de estar frente a quien se ha vuelto un ser diferente.

Gracias a las cartas supimos, en resumen, que Justino y Berta habían tenido un romance distante y al mismo tiempo fogoso, un romance como podía ser vivido en los cincuenta, ingenuamente, de la mano y sin besos en la boca, quitando esos dos que él le había robado una tarde, aunque, para ser precisos, habían sido en la comisura, como esos golpes de boxeo que ni son altos ni bajos, que dan justo a la altura del cinturón, así afirmaba Justino, claro que con frases más simples, con la ironía fruto del tiempo pasado, estratagema para caerle seductor a la ex lectora de la Biblia, ahora lectora de sus cartas.

XI

Pocas cosas hubo tan tristes como que mamá muriera sin conocer los entresijos de esta historia, de estas historias, aunque ello no le impidió morir segura de conocerlos o deseosa, al menos, de dar esa impresión.

Lo cierto es que, con sus relatos, papá y mamá no hicieron, en definitiva, sino incitarnos a investigar y a completar los resquicios que en varios casos resultaron mayores que cuanto calculaban ellos en su papel de narradores.

No es incoherente, pensamos, que ya en los años ochenta, puesto cada uno de nosotros a escoger su profesión, las elecciones fueran no tan parecidas como en el caso de las tías, pero sí coincidentes en un aspecto nada pueril: que nuestras ocupaciones (biología, historia y periodismo) tienen como eje primordial lo que suele llamarse a grandes rasgos "investigación".

Podrá alegarse que exageramos en nuestra voluntad de vincular los datos y elementos que hacen a esta historia, pero a decir verdad no fue hasta que el menor de nosotros entró a trabajar en un diario, allá por el noventa y dos, y tuvo acceso por lo tanto a un archivo completo en todo, aun en boxeo, no fue hasta dicho momento que pareció cerrarse la historia de Justino y el campeón. Y en forma simultánea, o casi, no fue hasta que el mayor resolvió por su lado ir al encuentro de tía Aurelia, sin avisarnos a los otros dos hermanos, ni mucho menos a mamá, que estaba ya muy enfadada con la tía (o sometida a la pelea que tía Aurelia había decretado), no fue sino hasta ese otro instante que pareció cerrarse la historia de Justino y tía Berta.

Papá había muerto a esa altura, pero mamá, que estaba viva, se convirtió en la oyente de nuestros relatos, a raíz de estas dos pesquisas que en forma paralela ganaban terreno. La situación vino a invertir tantos años en que los hijos éramos quienes prestábamos oídos.

Papá había ido acaso muy lejos con su relato al filo de lo fabuloso. De su historia, no pocos puntos nos sonaban increíbles y otros, en su oportunidad, habían sonado incongruentes. Lo más raro era que la historia deportiva sufría una especie de giro y se volvía menos confiable exactamente a partir del fallecimiento de Berta o, para no ser confusos, a partir de que, tras la muerte y los funerales de ella, los encuentros en el club entre Justino y papá se habían primero espaciado y al fin interrumpido.

Del mismo modo que tía Aurelia había tejido en soledad unas cuantas hipótesis para explicarse la ausencia de Justino y el silencio del reloj, casi de igual modo papá había inventado un corolario a la historia boxística, todo porque nosotros tres, su auditorio tan exigente, no le habríamos perdonado un silencio como el del reloj, y de hecho papá comprendió que no era tanto la verdad lo que nos importaba como lo que podría llamarse la "verdad falsa", o sea, la ilusión de verdad, de modo que más grave habría sido privarnos de un final que forzar una serie de escenas basadas en el verídico inicio, ya que eso mismo sospechamos hizo él.

Reviendo todo a la distancia, es muy factible que no hubiésemos sentido nunca el deseo de averiguar la verdad de la historia boxística de no haber existido la historia romántica entre Justino y tía Berta, esa otra historia que más tarde nos relató nuestra madre y que, hasta cierta medida, nos llevó a reinterpretar lo narrado por papá.

Como oyentes, nuestro caso no era distinto al de Justino, cuya última pelea se iba resignificando al compás de la trayectoria de su último rival.

El primer impedimento con que, siendo ya mayores, nos topamos a la hora de averiguar la verdad fue que Justino había muerto, y eso lo supimos paradójicamente por papá, que vino a cerrar su relato, aunque de forma provisoria, con un par de datos reales.

La noticia nos llegó en octubre del ochenta y nueve. Al enterarse en el café del club al cual seguía acudiendo, papá tomó la decisión de no ir al velatorio, que fue en la Federación de Box a pedido del campeón, ya convertido en ex campeón, porque el monarca sentía por su primer adversario algo casi paternal, como si la diferencia de edad se hubiera revertido.

A nosotros en su momento estos datos nos azoraron porque, siempre según papá, ambos rivales no habían terminado como Louis y Schmeling, sino como Berta y Aurelia o como luego nuestra madre y la tía Aurelia, enfadados y enfrascados en un pleito hecho de orgullo y de absurdos malentendidos.

En la versión de papá, a la primera visita del monarca le había seguido otra muy próxima, también en el sesenta y seis, también un sábado temprano en el que, acaso corto de imaginación, papá le había hecho hacer al campeón las mismas remanidas cosas: trabar la puerta y ahuyentar a los clientes, por ejemplo, si bien afuera garuaba y adentro Justino miraba fijamente al visitante y, alzándose la camisa o puede que la camiseta, enseñaba por tercera vez su descomunal barriga, le recordaba su edad por si hacía falta y le decía que estaba viejo y retirado, muy muy fuera de forma y, al parecer, de creerle a papá, a todas luces hacía falta, porque el campeón seguidamente despertaba y era como si, movido por el discurso, observara a su primer contrincante no como un escollo o una mancha en un legajo inobjetable, sino "como un ser humano", soltó papá con una especie de emoción a la que sólo le faltaron unos violines de fondo, porque en ese instante Justino, al ver tambalear al monarca, que no hacía tiempo a responder o a contraatacar, asestaba el golpe de gracia y sostenía que la propuesta era "humillante" ya que, en honor a la verdad, lo que el monarca obtendría pagando de su propio bolsillo primero un entrenamiento y acto seguido una bolsa, no sería más que comprar su previsible derrota.

De noche, más tarde, en la penumbra del cuarto, coincidimos en opinar que el relato había concluido de manera atolondrada, ya que papá había dejado sin cerrar muchas historias secundarias, por ejemplo la enfermedad de María Rosa o la carrera deportiva del monarca. En el fondo, ese epílogo ejemplar nos parecía menos destinado a nosotros que a mamá. Prueba casi irrefutable fue que ella había aplaudido satisfecha el soliloquio del ex púgil que, en su triunfo, inflando al máximo el pecho, papá había representado antes de dar cuenta de su vaso, su medio vaso de vino, y tras pararse con tal compenetración, que olvidó cualquier prudencia y, para prolongar el efecto, acabó enseñando su vientre, poco firme como el vientre de Justino.

Hasta qué punto había sabido papá la historia real y a partir de cuándo se había largado a inventar, pasó a ser centro de nuestras conjeturas. Uno sostenía que la primera aparición del monarca en el negocio de Justino era ya obra de la rica imaginación de papá, otro creía que la versión libre de papá se iniciaba con la segunda aparición del monarca, y de hecho ninguno (ni tampoco mamá, a desmedro de sus aplausos) le daba mayor crédito a este desenlace.

No bien le puso, allá por el ochenta o el ochenta y uno, lo que él creía un broche de oro a la historia de Justino, papá quiso volver a la carga con sus relatos breves y fantásticos. Así, una noche nos contó de una niña pobre que había encontrado por azar unos zapatos que tenían la propiedad de guiar sus pasos, llevarla de aquí a allá aun contra su voluntad.

El cuentito nos entretuvo pero sin maravillarnos, quizá porque nos pareció indigno de suceder a las aventuras o desventuras de Justino, o quizá porque el mayor de nosotros dijo, no en presencia de papá, claro que no, que era una imitación escena por escena de una fábula de Andersen.

Nuestra reacción poco entusiasta, nuestra reacción benevolente, tuvo que herir el orgullo de papá como narrador. En cualquier caso, transcurrida una semana, él intentó recobrar su honra con un relato más largo, más lleno de peripecias, que tenía como actor central a un ladrón.

Muy muy lejos estábamos de saber que era su canto o, más bien, su cuento del cisne. Y, sin embargo, fue su último relato.

Su último relato ficticio. Porque a partir de ese momento dejó de inventar historias a la hora de la cena, del mismo modo que redobló sus dosis de cigarrillos, del mismo modo que por una década no volvió a aludir, ni una vez, al boxeo ahí frente al mantel de hilo blanco, como por deferencia a mamá, o en verdad sólo lo hizo en el ochenta y nueve con la muerte de Justino.

A tal extremo el pugilismo se volvió un tema tabú que cuando todos los diarios anunciaron la muerte de Galíndez, a fines del ochenta y uno, papá se abstuvo de hacer cualquier comentario, y fue una auténtica lástima no poder conversar con él sobre quien era, para los tres, como Schmeling para Krag o, sin ir tan lejos tampoco, como Justino para los veteranos del club.

Fue el del medio quien nos trajo la noticia de la muerte de Galíndez, un domingo de un mes de octubre.

Recientemente retirado del boxeo, joven aún, Galíndez se había asociado con un corredor de autos hacía cosa de pocos meses, con la ilusión de debutar como piloto en una prueba de turismo carretera.

Si Galíndez poseía lo requerido para su otra vocación es algo que ha de quedar siempre sin respuesta. En cualquier caso su incursión se limitó a escasos minutos: el auto en que viajaba con otro piloto dijo basta, y él comprobó, por si no lo sabía con creces, que los milagros no ocurren todos los días y que, a diferencia de su combate sudafricano, el amor propio y el coraje en este caso no alcanzaban, dado que una máquina ahora prevalecía y disponía de él.

Por lo demás, a diferencia de su antigua profesión, que él arrojase la esponja (o que, más bien, el automóvil la arrojara) no acarreaba el final del espectáculo, al contrario, porque la carrera seguía y él, Galíndez, casco en mano, caminaba entre el zumbido de motores, cuando hubo un despiste muy cerca, un auto trazó un remolino enloquecido casi como una ruleta, o así lo quiere la leyenda, y de repente, como si no hubiese más alternativas, enfiló recto, lo arrolló y mató en el acto.

El cuento del cisne de papá presentaba a un malhechor que no tenía talento alguno, porque era torpe y propenso a ser descubierto por la gente honesta a la cual robaba, pero a la vez, para contrapesar las cosas, había sido dotado por alguna caridad divina de cierta llave mágica, capaz de abrir todos los cerrojos del mundo. Al mayor de nosotros lo extasió esta rara paradoja y le dio risa ese pasaje en que papá sabía atribuirle al ladrón una lista de defectos de índole variada (distraído, lento, vago, ruidoso, pesado, ineficaz...), para concluir que la llave había condicionado la vida de este hombre, aunque papá expresaba esto con palabras mucho menos rebuscadas, en adecuación a su auditorio infantil, y la moraleja era que, de haberse guiado por sus dones o incluso por su deseo, aquel sujeto jamás habría optado por andar robando, habría llevado una existencia más serena, sólo que alguien le había puesto entre manos esa llave tentadora y ahora no sólo era uno de los peores ladrones del mundo (porque una llave maestra no garantiza la impunidad), sino alguien que pasaba la mitad de su tiempo en prisión, tras los barrotes, dado que ese instrumento que se suponía liberador había hecho de él un esclavo.

Este era el cuento del cisne y sólo décadas más tarde nos pareció que aludía en sentido figurado al acto final de Galíndez y, todavía más, al monarca obsesionado por Justino y, por qué no también, a Justino obsesionado por Berta.

XII

De muy poco sirvió que en el ochenta o el ochenta y uno le planteáramos a papá, con voz tímida, que unos puntos de su relato merecían un desarrollo suplementario. El caso fue que, en ese entonces, respondió con evasivas, como era su fiel costumbre, y pronto tuvo una excusa ingrata pero indiscutible con que justificar su silencio: la excusa de la muerte de su madre, esa otra abuela en cuya casa tal vez demasiado pulcra nunca habíamos trastabillado con algún objeto equiparable al reloj catedral, y en cuya existencia pasada no habíamos detectado ni una sola anécdota a la altura de las que abundaban entre los Hernández.

Por eso fue una gran sorpresa que, casi diez años después, cuando parte de la verdad surgió a la luz, papá admitiera haber inventado el final de la historia boxística, puesto que la primera visita del campeón había sido, en definitiva, el último episodio que le relatara Justino en el club.

La confesión de nuestro padre nos llegó en el ochenta y nueve, después de que los amigos del club le contasen a él, y él nos contase sin esperas a nosotros, que Justino había muerto.

Y por más que papá no fue ni al velatorio en la Federación de Box, ni mucho menos al entierro, semanas después alguien cayó por el club con una revista que no era *El Gráfico,* sino una de sus competidoras de turno, y en la revista se evocaba la pelea del cincuenta y siete entre Justino y el campeón, y en dicho artículo, extraviado al pie de una página par, publicado con motivo de la muerte de Justino pero a la sombra del mito del monarca, se exhumaba la leyenda de una revancha secreta, de una pelea sin público entre los dos púgiles: una supuesta revancha celebrada acaso en el sesenta y seis, o quizás un año más tarde, que teóricamente había venido a cerrar esa historia. Pero también decía el artículo que nadie, ni siquiera los diversos allegados al ex campeón, nadie osaba desmentir ni confirmar esta leyenda, y no digamos entregar el resultado de una segunda pelea que, de haberse realizado en esos años, tal como corría la voz, tendría que haber sido un espectáculo muy muy desigual, especulaba el periodista, lástima grande que el monarca hubiese eludido a la prensa desde su retiro en el setenta y uno.

Como el artículo no ratificaba ni contradecía la revancha, papá podría haber alardeado de que su versión era la auténtica, que lo demás pertenecía al imperio de las conjeturas, no obstante algo lo llevó a contar la verdad de ese final pergeñado para nosotros. Y a esto se le debe agregar que, la tarde en que alguien llevó al club la revista que hablaba de Justino, esa misma tarde papá le oyó decir a uno del café que la revancha sí que se había concretado en un pequeño gimnasio, uno de muy poca monta, sin más testigos que los rigurosamente indispensables, o sea los auxiliares de cada boxeador y alguien que hizo de árbitro y tres que hicieron de jurado y un escribano amigo que el propio monarca dispuso como veedor y un médico contratado a pedido del monarca (que temía por su rival, según dejaría entender esto), y el del club juraba y rejuraba que el combate había sido atroz, "casi una carnicería", así se lo había narrado el médico aquel que, por más increíble que pueda sonar, acabó casado con una buena amiga de su esposa, "casi una carnicería" puesto que Justino no había arrojado más que un par de golpes, según decía el tipo del club que le había relatado el médico, y en menos de cinco minutos yacía con la boca abierta contra la lona, y de existir algún consuelo era que a cambio de semejante paliza había cobrado el dinero para el medicamento que María Rosa necesitaba y otro consuelo fue que nadie o casi nadie presenció aquella contienda, tan humillante y desigual.

A papá no hubo modo de hacerle ver que, así como años atrás él había inventado un final, ahora el del club estaba haciendo a la ligera lo mismo, y no hubo modo porque a lo mejor papá, tal como nosotros de niños, precisaba un final o una verdad falsa que corriese aquel telón, máxime cuando se avecinaba su llamémoslo cierre de telón, y a tal punto se avecinaba que no bien quiso reproducirnos ese nuevo final, actuando como tantas veces había actuado el personaje de Justino, cambiando incluso el peso del cuerpo de una pierna a la otra, resultó innegable que le faltaba el aire, que se agitaba y tosía fruto del problema pulmonar que sordamente lo mataba y, sin embargo, no sin maestría, lo que papá hizo fue servirse de ello y personificarlo como un viejo púgil muy fuera de forma.

A nosotros nos habría encantado poderle retrucar que ese final era más falso que el otro, pero no contábamos con la suficiente información y, por encima de todo, un sentimiento compartido, un sentimiento que bien puede resumirse con la palabra piedad, nos arrastró a hacer casi como nuestra madre, o sea a premiar con aplausos, aunque esta vez con aplausos más apagados, lo que papá proponía como desenlace, y sólo diez meses después, en el entierro, en el entierro de papá, tuvimos ocasión de charlar al menos unos instantes con sus amigos del club, entre ellos con el autor del nuevo final, quien resultó ser un sujeto tan pero tan parecido a la descripción que solía hacernos papá del "emisario", que los tres pensamos a un tiempo que el pobre había servido, sin una sospecha, de modelo para un personaje de ficción.

Al entierro de papá vino más gente que al entierro de tía Berta, pero no vino el padre Otero, que continuaba envejeciendo en su parroquia, y tampoco el fantasma de Justino, ni emparaguado ni nada, pese a que los tres, como la cosa más habitual del mundo, lo buscáramos con los ojos, en la medida en que nos era posible buscar a un muerto en medio de esos vivos que se aproximaban compungidos y que, viendo a mamá tan triste y tan como desfigurada por el llanto, preferían decirnos las frases que se traían entre labios a nosotros, porque a pesar de nuestro aspecto alicaído no llegábamos a amedrentarlos tanto.

A los presentes era fácil dividirlos en tres grupos: por un lado los del Congreso, por el otro los del club y, entre medio, la reducida familia que, hablando claro, era la reducida familia de mamá, es decir, tía Aurelia y esa prima lejana a quien nada le daba gracia y que, como una especie de cuervo melifluo, nos poblaba el cielo sólo en razón de un fallecimiento, pero nadie había salvo nosotros tres con la sangre de papá, porque él era único hijo y no le quedaba ningún pariente vivo.

En poco rato, eficazmente, cerraron el ataúd, lo clavaron y lo hicieron descender. Los amigos del café, comparados con los ex compañeros del Congreso, parecían tristes en serio, pese a que su corona era varias veces más económica que la firmada en pomposas letras doradas por "tus compañeros y eternos amigos", y al término del entierro los del café, que habían puesto en su pequeña corona sólo "tus amigos", tuvieron un gesto cargado de emoción y, en un aparte, nos dijeron que las puertas del club estaban abiertas para nosotros, y aunque no hicimos más que asentir y agradecer, como suele ser lo usual ante frases por el estilo, que uno estima de compromiso, lo cierto es que no muchas semanas después nos propusimos presentarnos, los tres hermanos a la vez, en el café del club al que concurría papá, todo porque el menor deslizó que, a diferencia del Congreso, que lo conocíamos bien, nunca habíamos pisado ese club que venía a ser la cara oculta de la cotidianeidad de nuestro padre, y bastó con que el menor dijera esto para que a los otros dos nos pareciera aconsejable una excursión al club en tributo a papá y en tributo, no en menor medida, a Justino.

Por lógica, antes de ir nos preguntamos cómo nos recibirían, porque esa frase, eso de las puertas abiertas, estaba bien como metáfora en medio de un pésame pero nadie sabe lo que puede ocurrir cuando a una metáfora se la interpreta al pie de la letra, y en cierto grado eso estábamos por hacer.

Por fortuna, los amigos de papá no nos recibieron mal, sí sorprendidos pero no mal, y horas después salimos de ahí con el dato de que Justino había acabado en la indigencia y que tras el velatorio costeado por el monarca no había habido más que una veloz cremación y ni una mísera corona, detalle a la medida de su trayectoria.

El club, o en realidad el café donde papá había pasado buena porción de su vida, nos resultó más feo y pequeño que cuanto habíamos imaginado los tres, y sin embargo era fácil de entender por qué entre estas paredes él se había sentido a sus anchas, tanto como ahora nosotros, y sencillo entender por qué ese recinto algo sórdido había venido a terciar y a equilibrar los otros dos escenarios en los que transcurrían sus días hasta muy recientemente, vale decir por una parte el oscuro Congreso (más oscuro en esos años en que la mayoría lo estimaba cerrado o inactivo) y por otra parte el hogar tan luminoso que mamá había decorado a su gusto minimalista, como se estila decir hoy, léase con paredes muy blancas y desnudas, mientras que el club, si corresponde adjudicarle algún color, el club siempre había sido gris, ni blanco ni negro: gris, y tal vez por eso a papá, entre el Congreso y nuestra casa, le era imperativo efectuar una puntual escala ahí, como una zona de transición entre dos puntos opuestos, transición semejante a esos túneles que los arquitectos diseñan con techos graduales, así los ojos se acostumbran al brusco paso de la luz a la negrura o al revés.

Ese día en que los visitamos, los amigos del club no hicieron, para nuestro desconcierto, más que hablar de los empleados del Congreso presentes en el entierro y, llegado cierto momento, entendimos que por años ninguno había sabido nada sobre la actividad laboral de papá. Por eso mismo, una corona de relativa elegancia, con el monograma o, como dijeron ellos, con el "escudo" del Congreso, los había impresionado tanto, porque se desprendía que nuestro padre había sido "importante", esa palabra usaron alzando las cejas, sobre todo tomando en cuenta que ellos eran o habían sido oficinistas o empleados del montón y siempre habían visto a papá como otro más. De haber sabido que trabajaba en un sitio así de célebre y de... histórico, convinieron tras buscar el epíteto, de saberlo lo habrían sometido a diversas preguntas, tal como papá y ellos lo habían hecho en su debido tiempo con Justino, excepcional en esa barra de amigos por su pasado.

Que mamá rompiera el silencio y sacara a relucir el caso de Berta y Justino sólo tras morir papá, en febrero del noventa y uno, nos pareció justificado.

Al contrario, nos asombró que nos confiara esta historia después de hablarnos de cierta pelea que ella había atestiguado en su niñez, cierta pelea que había involucrado a su madre y a una tía, o sea a nuestra abuela y a una hermana de ella que vendría a ser una tiabuela, por escribirlo de una vez.

Nos pareció todo un signo que nuestra abuela materna, de aspecto tan apacible en las fotos familiares, en su momento se hubiese ofendido con su única hermana (la madre de la prima cuervo, nada menos) o, para explicarlo mejor, que su hermana tres años mayor hubiese dejado de hablarle a raíz de un incidente en torno a una antigua muñeca de porcelana, primero de nuestra tiabuela y luego de nuestra abuela, dado que por esos tiempos no abundaban los juguetes y tenían que pasarse de mano en mano. Lo grave no era que la abuela se hubiese aferrado a la muñeca como si sólo fuera suya. Lo grave era que, siendo adulta, nuestra abuela había tenido la idea de obsequiarle esa muñeca a mamá, no con su cabeza original, provista de una cabellera corta y rubia hecha también de porcelana, sino con una melena auténtica y, en tal sentido, a lo largo de muchos meses, con ayuda de su peluquero había juntado unos cabellos que este se encargó de implantar, sólo que nuestra tiabuela no estaba al tanto de nada y, meses después, al ver a su sobrina de seis o siete años con la muñeca que había sido suya, convertida en una muñeca pelilarga, nuestra tiabuela inspeccionó esa cabeza ahora encabellada y por despecho, al detectar un pelo blanco olvidado de descartar (como un florista que olvidara quitarle una espina a un tallo de rosas), le dijo a mamá, con su mejor cara de asco, que la muñeca era anciana porque tenía un pelo blanco, y mamá, ignorando que el pelo había pertenecido a su madre e ignorando que la muñeca había sido antes de su tía, de la tiabuela, mamá sintió miedo u horror de la muñeca y en un gesto irreflexivo, no desprovisto de angustia, la arrojó lejos y el cráneo fue a estrellarse contra el suelo, se hizo añicos y hubo que trocarlo por una cabeza de madera a la cual el peluquero volvió a implantarle los pelos, uno por uno (a excepción del cabello blanco), pero nada fue lo mismo, ni para mamá que conservó con aprensión la muñeca y se la pasó a Aurelia casi con alivio años más tarde, ni para la abuela que culpó a su hermana por haber dicho lo que dijo sobre el pelo, ni menos para la tiabuela que jamás pudo digerir aquel implante.

Si con respecto a la disputa entre Berta y Aurelia nadie lograba determinar bien las causas, por el contrario, la ruptura entre tía Aurelia y mamá se debía a un factor concreto.
En su primera visita tras la muerte de papá, nuestra tía Aurelia había pedido su dinero lo más campante, como si nada hubiese sucedido, y nuestra madre (poco inclinada a peleas, menos en momentos de agobio) debió hacer todo un esfuerzo para refrenar la ira y acabó, como es previsible, yendo al cajón con las pertenencias de papá, donde estaba la billetera que ella no osaba tocar, a fin de extraer casi asqueada, con la punta de

los dedos, un billete que, para suerte de Aurelia, resultó de un monto elevado. Pero dos semanas después, no bien Aurelia reapareció sin dignarse a pronunciar una disculpa, ni a justificar la falta de llamados en el curso de ese tiempo, mamá esperó a que su hermana cruzara las piernas, carraspease y se atreviera a pedir de nuevo el dinero, y cuando esto ocurrió tal como venía ocurriendo desde hacía décadas, mamá se puso de pie y no se subió la camisa ni tampoco la camiseta, en vez de eso le soltó una ráfaga de adjetivos ("desvergonzada", "egoísta"), y Aurelia, de creerle a mamá, primero se largó a llorar, o si llamamos a las cosas por su nombre derramó una lágrima sola, pero muy larga y muy gruesa, semejante a un chorro de agua, y sin que mediasen más de quince segundos y sin limpiarse la cara, de forma tal que bajo el ojo nacía un surco descendente, Aurelia dijo con voz ronca y desprovista de emoción que mamá nunca había trabajado en su vida y que el dinero prestado en todo ese tiempo (y dijo "prestado", no "obsequiado", para horror de mamá), procedía de nuestro padre, de modo que la muerte de papá no alteraba las cosas, "basta con que me apartes un porcentaje de tu pensión", dijo Aurelia sin pestañear.

XIII

Al comparar las dos historias protagonizadas por Justino, la deportiva y la romántica, las encontrábamos análogas en múltiples sentidos, porque sólo con el tiempo Justino supo qué clase de rival había vencido en su último combate, mientras que también con el correr de los años mamá había ido explicándose lo acontecido entre Berta y Justino.

En un comienzo nosotros, por ser niños, no habíamos pescado el trasfondo de la historia. De Justino, en cambio, podía sostenerse lo inverso: que había tardado en comprender la medida de los hechos por ser de edad ya avanzada y por haber tenido un rival casi niño. Esto, al menos, en cuanto a la historia deportiva. Porque en una carta a Berta, a la cual tuvimos acceso ya de adultos, Justino lamentaba haberla conocido de modo "muy prematuro", siendo él y ella muy jóvenes, y esto a los tres nos impactó porque coincidía con algo que salía afirmando en aquella entrevista añeja que ni él podía etiquetar como espuria o verídica, porque allí él (o el periodista usurpando quizá su voz) se ocupaba de afirmar que la victoria contra el futuro monarca debía servir de enseñanza a quienes se muestran ansiosos por dar un salto, por quemar ciertas etapas, visto que hasta para un púgil de calidad hay un momento digno de ser calificado como "muy prematuro".

Mamá y Aurelia ingresaban en la segunda temporada de su pelea, que abarcaría otras siete temporadas más, hasta la muerte de mamá, cuando la tía se atrevió a llamar por teléfono al mayor, no al del medio ni al menor, por la simple razón de que este no habitaba con nosotros y, debido a esta circunstancia, llamándolo a su nueva casa no había riesgo de que mamá la atendiera.

Dado que el mayor de nosotros se acababa de "emancipar", así decían por entonces, y financiaba la emancipación con un flamante empleo, nuestra astuta tía estimó que era al mayor a quien debía asediar en pos del dinero que mamá ya no le asignaba.

Al mayor le causó sorpresa recibir ese llamado y oír que tía Aurelia lo trataba cada dos por tres de "querido sobrino". Pero, antes que nada, le chocó que entre líneas ella diese a entender que estaba al corriente de su "emancipación" y de su novedoso empleo como profesor de historia en un colegio secundario, lo que en cierto aspecto los volvía "colegas", deslizó ella.

Su buena información se debía a que la prima de mamá (la prima que tachamos de cuervo sociable) cumplía el papel de intermediaria o de informadora a partir de la controversia entre tía Aurelia y mamá, controversia que a esta prima cuervo parecía activarla tanto como la muerte de cada Hernández.

El mayor era consciente de que Aurelia no daba puntada sin hilo y que detrás de ese gentil llamado telefónico había una razón de pesos, en plural, no obstante aceptó el convite a tomar el té con la tía, sin reparar en que el día propuesto era un miércoles, y aceptó además las condiciones de ella, a saber: que debía presentarse a solas, sin hermanos, y que mamá no debía ser informada de esta reunión.

El mayor dijo "sí" y, mordiéndose la punta de la lengua, hasta llegó a pronunciar "sí, querida tía", y lo hizo con tal de ver otra vez el reloj catedral, con tal de hablar con ella acerca de Justino y, sobre todo, con tal de obtener las cartas dirigidas a tía Berta, no fuera a ser que tras la muerte de tía Aurelia (para la cual aún faltaba mucho en teoría, porque no tenía ni sesenta, aunque en el fondo no se sabe en una familia de viejos prematuros...), no fuera a ser que con su muerte las cartas se evaporaran igual que la llave del reloj catedral.

Si al cabo de varias visitas pareció que el mayor se salía con la suya, esto se debió a que corría con la indudable ventaja de tener acogotada a Aurelia en términos monetarios y con la ventaja más teórica de ser él, y no ella, quien de ambos conocía a fondo las motivaciones ajenas así como también las propias, porque aun cuando Aurelia dio vueltas y más vueltas en torno al tema del dinero hasta animarse, el tercer miércoles, a ser todo lo directa que debía, al mayor la estrategia le resultaba transparente, mientras en su defecto cuando el mayor de nosotros declaró muy suelto de cuerpo que ese dinero él con gusto lo entregaría, sólo que a cambio de aquellas cartas escritas por Justino, la astuta Aurelia quedó tan descolocada que apenas atinó a preguntar de qué cartas él hablaba, puede que confundida en serio o sólo para ganar tiempo.

El mayor había temido que, al visitar a la tía, en la habitación central faltase el reloj. Lo temía porque, de ser graves las penurias de Aurelia, no debía descartarse la venta o el empeño de ciertas pertenencias. Para su alivio, vio el reloj dotado de motas de polvo y hasta más suntuoso que cuanto creía recordar. En cuanto a Aurelia, la vio más vieja y con abundantes canas y con arrugas en la frente e incluso en el entrecejo, pero esto no fue inesperado ya que las mujeres de la familia Hernández, todas de tez delicada, a partir de los cuarenta siempre hicieron pensar bastante en esos cuadros ajados en la superficie.

Mamá no supo de las visitas del mayor a la tía porque, a no dudarlo, él las cumplía con discreción absoluta, sin que lo supiéramos tampoco los otros dos, y el gran estímulo para tanto secreto era que él presentía cercana la victoria y no deseaba echarla a perder con una infidencia que alterase la buena disposición de Aurelia. Nuestra tía ya le había hecho entrega de una carta (la misma que mamá se había dignado a leer años atrás), pero así y todo era reacia a dejarle husmear las restantes.

En pocas palabras, el mayor de nosotros no deseaba, pero por nada del mundo, que mamá descubriese su plan, porque con lógica presumía que ella lo habría desaprobado.

Por su parte Aurelia, que supiéramos, creía que tras los pedidos del primogénito yacía la voraz indiscreción de mamá, quien después de hacerse la discreta y negarse a leer las cartas, ahora enviaba a su hijo mayor para que las obtuviera.

De nada sirvió que él replicase que mamá no tenía que ver con esto porque, ya sin contenerse y tras hacer sonar una risa sardónica, tía Aurelia pasó a hablar de Berta, que era igual a nuestra madre, que había querido hacerse la santa y la buena pero, en honor a la verdad, no había hecho sino arrebatarle a su Justino, quitárselo "como una ladrona vulgar", aullaba Aurelia con los ojos extraviados, y el mayor de nosotros, toda vez que aquellas citas se desbarrancaban, prefería ponerse de pie y soltar "hasta luego, tía", sin poder asegurar que ella prestara atención.

Cuando el mayor nos informó a los otros dos de estas visitas, lo hizo repleto de orgullo y con una mueca triunfal, porque en ese punto, al cabo de veinte miércoles o más, había acabado por obtener no las cartas, sino casi la misma cosa, o sea una carta en carne y hueso y otras tres o cuatro fotocopias de gran calidad, como esas copias de llaves que abren puertas y cerraduras tanto como una original, y para terminar también había obtenido una promesa de tía Aurelia: la de entregar las cartas restantes conforme recibiera ella nuevos pagos.

Las puertas que abrieron todas aquellas cartas nos llevaron, vaya ironía, a la historia de una llave, como un círculo que se cierra o, más sofocante aún, como esas pesadillas donde fugarse o entrar o salir se vuelve una infinita cadena de obstáculos, de puertas bajo llave que en un movimiento interminable conducen a otras puertas también bajo llave.

En la tercera carta enviada por Justino a la tía Berta, con fecha de diciembre del setenta y seis, pudimos leer que el padre de Justino había arreglado el reloj catedral en cuatro días y que, a ese fin, le había bastado con desmontarlo y limpiarlo. Hasta allí nada nos parecía para quedarse sin habla, salvo que enseguida, en la segunda carilla de esta carta, que como la amplia mayoría se componía de tres carillas salpicadas de faltas ortográficas, dimos con algo imprevisto. Ahí se contaba que, aprovechando las noches en que el reloj había dormido en el cubículo al fondo del negocio, y aprovechando por igual la media hora de una mañana de sábado en que su padre lo había dejado de guardia mientras él cumplía con ciertas tareas pendientes, Justino había hecho, sin dedicar mucha atención al asunto, una fiel copia de la llavecita del reloj catedral. La probó y vio que funcionaba. La guardó en algún bolsillo. Y su padre nunca lo supo, y Berta tampoco lo supo hasta leer esa carta, y en total nadie lo supo, ni siquiera María Rosa, porque esa llave en su poder había representado una ilusión primero, cuando él y nuestra tía eran jóvenes, y había representado después un recuerdo para él de Berta.

El romance entre ellos dos había durado escasos meses, escasos para nuestro gusto, y tocado a su fin tan pronto como Berta se enteró de que Justino boxeaba y, más grave, de que soñaba con ser un profesional en el sentido más estricto del término. Siempre según la carta, Berta había sabido esto de boca de Justino y antes de que el padre de este lo dedujese. Tía Berta había reaccionado casi espantada ante la idea y, al ver emperrado a Justino, había resuelto cortar por lo sano diciéndole adiós, aunque es verdad que la tía se aburría de sus novios con rapidez y siempre hallaba un motivo para dejarlos.

El mayor quiso conversar de todo esto con tía Aurelia. Si Justino y Berta habían vivido un romance, ¿era justo acusar a su hermana mayor de haberle robado a ese hombre? Nuestra tía Aurelia no quiso entender razones, hasta se negó a considerar que Justino la hubiera abordado a ella como forma de acercarse a Berta, aun cuando otra carta lo sugería tan manifiestamente que sólo un necio habría afirmado lo contrario.

Fue a diez años de la muerte de María Rosa, ni un día menos ni un día más, cuando Justino empezó a tender sus redes hacia tía Berta. Si no lo había intentado antes, sostenía con su letra tosca entre faltas de ortografía, era por decisión propia: apenas muerta María Rosa, se había obligado a dejar pasar una década completa hasta tener la simple osadía de mirar a otra mujer. Aunque muchos repetían que esto no era así, que en verdad ella, moribunda, le había arrancado el juramento (como antes con el retiro) de no buscar a otra mujer por espacio de diez años.

Que nuestra tía Aurelia insistiese con que la mujer amada y deseada por el ex púgil había sido ella y no Berta, apenaba e impacientaba al mayor de nosotros tres, que esas cartas las entendía como prueba no equívoca de que, allá por los setenta, entre Justino y tía Berta había vuelto a ocurrir algo, a lo mejor no carnal, pero sí algo.

Por esos años, una tarde, de aburridos, se nos ocurrió fantasear qué habríamos hecho de estar en los zapatos de Aurelia, aunque a diferencia de cuando en el pasado habíamos jugado los tres a ser Justino, ahora no tuvimos mucha imaginación y en esforzada coautoría no pasamos de barajar que, de haber sido tía Aurelia, nuestra venganza contra Berta habría consistido en salir al encuentro del padre Otero con la falsa intención de confesarle algún pecado propio (siempre que la sordera del padre no viniera a impedirlo), pero una vez frente a él, prosternados y en medio de la confesión, de ser Aurelia con placer habríamos deslizado, a modo de venganza, que la piadosa Berta había tenido un amorío casi antes de morir, a ver si de esta forma Otero, de creernos (no digamos ya de oírnos), excomulgaba a su creyente predilecta, la excomulgaba al menos de su corazón.

Como venganza era ineficaz y algo torpe, lo sabemos. Pero cuando se la confiamos a mamá, repuso que el plan no era malo, en absoluto.

A juicio de mamá, tía Berta siempre había sido "mujer de un solo hombre", pese a sus aires juveniles de mujer fatal y sus muchos noviazgos. En cuyo caso, confesarle a Otero que Berta había amado en simultáneo a Justino y a Dios no era cosa menor. Era, más aún, según mamá, dar en el clavo, porque a su modesto entender dicho conflicto interior, y ningún otro, había "asesinado" a tía Berta, incapaz de resolver esta encrucijada, aunque nuestra madre argumentaba sin pruebas e inventaba más de la cuenta, un poco como papá en los años setenta sobre el mantel de hilo blanco.

XIV

Fue en una de sus visitas del año noventa y cuatro, o acaso del noventa y cinco, cuando el mayor de nosotros le oyó de pronto a tía Aurelia un comentario apresurado sobre una supuesta pariente de Justino.

Hasta ese momento nosotros habíamos creído que nadie quedaba para esclarecer el final de la larga historia deportiva. Por un lado el monarca había, como se dice, desaparecido de circulación. Se tejían a su respecto mil rumores, por ejemplo: que llevaba veinte años recluido en un monasterio recóndito, eso al menos le había referido un periodista al menor de nosotros durante una charla en un pasillo del diario. Por añadidura sabíamos que Maidana, el entrenador, había muerto y que los otros auxiliares (los "segundos", en la jerga del boxeo) se negaban a hablar como a raíz de un pacto de silencio, rumor fácil de dar por cierto, máxime cuando corría la voz de que el monarca pagaba para que no revelaran su paradero.

Dejando a un lado el silencio del ex campeón, nosotros creíamos que tampoco había caminos conducentes a la verdad por el flanco de Justino, ya que a su muerte no quedaba familiar ni testigo al que interrogar: su padre y María Rosa habían fallecido, Justino era único hijo y no tenía amigos aparte de aquella barra del club. En cuanto a "una pariente lejana", ni la menor noticia... En consecuencia, el mayor de nosotros paró bien la oreja apenas la tía soltó al pasar que, en la mercería existente donde antes quedaba el negocio de Justino, la mujer algo encorvada que allí atendía, una mujer que por su cabello en desorden y su aspecto de abuelita bonachona más parecía fugada de un cuento de los hermanos Grimm, era la prima hermana de María Rosa.

Cada vez más, las relaciones entre el mayor y tía Aurelia atravesaban una fase compleja. La última fotocopia había sido entregada hacía ocho meses y por mucho que el mayor intentara ya ser un sobrino adorable, ya aumentar o disminuir el monto de sus dádivas, ya espaciar la frecuencia de estas, nuestra tía no soltaba otras fotocopias.

Excepción hecha de la primera carta, la entrega de las fotocopias ocurría a regañadientes y, según la tía dejó en claro, en orden cronológico. La cantidad de cartas, la ignorábamos. La frecuencia con que Justino le había escrito a tía Berta no era estable, al oscilar entre una carta mensual y una por trimestre. Que la última fotocopia datara de febrero del setenta y siete, mientras la original se remontaba a agosto del mismo año, nos conducía a hacer cálculos y a dar por supuesto que entre las dos misivas debían mediar como mucho unas seis cartas y como mínimo dos, pero difícilmente una. Por algo eran tan llamativas las diferencias temáticas, mientras que en las cuatro primeras, todas ellas correlativas, Justino acostumbraba hilvanar algún tema asomado en la anterior a guisa de anticipo.

En ese entonces las gestiones se veían tan empantanadas y nuestra curiosidad se había incrementado de tal modo, que no había terminado el mayor de hablarnos sobre esta prima, cuando los otros ya proponíamos hacerle una visita.

De no ser porque era domingo y habíamos quedado en pasear a nuestra madre, cuyo programa favorito de los fines de semana consistía en ver el ancho río a la altura del muelle pesquero, de no ser por esto es seguro que nos habríamos dirigido de inmediato a la mercería, pero fuimos con mamá a la costanera, y era después del mediodía, y en el cielo, no en el centro, sino en uno de los márgenes, divisamos unas nubes enjutas y desteñidas, y mamá, cuando menos lo esperábamos, dijo que ella nunca había visto dos nubes idénticas, del mismo modo que nunca había visto dos rostros iguales, a lo que agregó, como si pudiera leer los pensamientos, que no obstante existían nubes como "parientes cercanas", y en broma sostuvo que esas nubes allá, donde se diría que apuntaba el largo muelle, "esas dos nubes podrían tildarse de primas", y el menor de nosotros tosió y con recelo repitió la palabra "primas", y para siempre nos quedó la incertidumbre de si aquello fue azaroso.

El miércoles por la tarde, ya que lunes y martes teníamos diversos compromisos, nos presentamos en comitiva, los tres, en el negocio que había sido de Justino. Reinaba ese día un cielo intacto, sin nubes. La supuesta prima hermana de María Rosa nos recibió muy extrañada porque, aun a riesgo de estar generalizando, a ese negocio no debían de entrar hombres, mucho menos jóvenes, mucho menos así de a tres y con, quizá, cierto brillo de nerviosismo en los ojos.

Por fuera el lugar había cambiado bastante. Antes negra, la fachada estaba pintada de blanco, y en la despojada vidriera las esferas de los relojes habían sido sustituidas por las esferas pequeñas y menos cambiantes de unos botones.

Por dentro todo, sin embargo, era una réplica más o menos conforme de como lo rememorábamos a partir de la única vez en que habíamos logrado entrar, hacía de eso casi quince años.

La mujer, la supuesta prima, nos saludó con voz un tanto cascada. De estatura muy baja, apenas asomaba un tercio de ella sobre el mostrador. El mayor se puso a explicar nuestra visita pero ella pareció distraerse y alzó los ojos a la pared detrás de nosotros. Entonces, más producto de su mirada que de una real curiosidad, nos volvimos y detectamos, entre dos columnas de cajas hasta el techo, un recorte periodístico en un grueso marco de madera oscura, puesto como quien cuelga a la vista un diploma o un título habilitante. Fue acercarse y descubrir que era el recorte de una entrevista a Justino, publicada hacía tanto tiempo, pero tanto, que el nombre de la revista, muy borroso en una esquina, no le sonó familiar siquiera al menor de nosotros, habituado por el archivo a antiguallas de esta clase.

Fechado en el sesenta y dos, cuando nuestras edades iban de "menos cinco" a "menos uno", como habría dicho papá, el recorte amarilleado nos retrotrajo en el tiempo. Habíamos estado aquí mismo, sin que papá lo supiese y sin que mamá lo supiese (ni después, llegado el turno de las revelaciones), una tarde lluviosa del ochenta y uno, no más salir del colegio. Habíamos resuelto acudir en comitiva a fin de exigirle o de rogarle a Justino que nos contara el desenlace de su añeja rivalidad con el monarca, pero una vez allí no habíamos tenido el valor de hablar con la calma con que ahora aportábamos a la prima. Al contrario, petrificados por unos largos segundos, ni se nos ocurrió fingir que deseábamos comprar algo, como papá contaba que hacía el emisario en cada cual de sus visitas, nada de eso, sólo habíamos atinado a mirarlo con aire absorto, temblorosos, eso es seguro, y de modo idéntico a como formábamos ahora ante su remota pariente, es decir en fila recta, de menor a mayor de izquierda a derecha del observador (nos pasaba de alinearnos espontáneamente así), y el del medio de nosotros ese día soltó una tos (o una risa nerviosa vestida de tos) y con el índice Justino le hizo seña de que se arrimara al mostrador y le preguntó el nombre, no el apellido, le preguntó si tenía reloj y, al comprobar que sí, se lo reclamó por "un momentito", dijo, y bajo su nariz más chata que ancha nació una sonrisa y nos indicó que volviéramos en una media hora. Sobra decir que obedecimos porque era el héroe de los relatos de papá quien impartía la orden, así que dimos una vuelta y esa media hora pasó muy despacio en los relojes caracol de los otros dos de nosotros, mientras elucubrábamos qué estaría haciéndole Justino al reloj cautivo.

Veinte minutos después, de regreso, Justino hizo notar que era temprano, aunque no tanto porque el reloj estaba listo, y pese a que los tres nos moríamos de intriga, puesto que en la imaginación de cada uno la palabra "listo" cobraba sentidos muy distintos, pese a esto nos limitamos a esperar su paso siguiente.

En ese instante Justino posó el reloj cautivo sobre el mostrador y, como en un sueño, advertimos que la aguja del segundero se desplazaba al revés (para atrás, entiéndase), sin que ello alterara ni el ritmo ni el andar de las agujas, como descubrimos según se iban cumpliendo más minutos.

Al reloj lo había convertido en un reloj semicangrejo, si cabe bautizarlo así (el segundero hacia atrás, el minutero y su bastón de cada hora hacia adelante), y él preguntó con soltura si nos gustaba. Hubiese sido valeroso decir que no, pero el hecho es que nos gustaba un montón. Así que, al oír que nos gustaba y percibir nuestro entusiasmo, Justino dijo que nuestros compañeros iban a envidiar ese reloj singular, que sólo papá y mamá no vieron nunca, contrariando así nosotros su consigna de jamás ocultarles algo, y no se equivocó porque, en el ochenta y dos, vistiéndose tras una clase de gimnasia o de "educación física", como se decía en el colegio, el del medio de nosotros abrió su bolso deportivo y vio que faltaba el reloj, que alguien se lo había robado, y no pudo recuperarlo por más que se revisó todo el vestuario, tal como mamá y sus hermanas revolvieron, tras la muerte de la abuela, la casa de nuestras tías.

El episodio del reloj semicangrejo no nos acercó a Justino, ni nos hizo perder esa mezcla de reverencia y temor que nos inspiraba él, ni mucho menos nos fue útil para desentrañar el fin de su historia con el monarca. Cierto, por meses volvimos a merodear ese negocio que ya habíamos merodeado en ocasiones reiteradas, antes de osar entrar en él, pero nunca volvimos a franquear su puerta, de a tres o de a dos o de a uno, acaso porque en aquel tiempo comenzaron a correr voces acerca del mal genio de Justino, que se había vuelto más irascible que nunca. Y a la postre, ya mediados los ochenta, la cortina de metal dejó de alzar su rezongo ávido de aceite, y pronto empezó a comentarse que Justino había cerrado el negocio a causa de una enfermedad o depresión, y de nuevo pauta las fechas un mundial de fútbol, ya que para el invierno del ochenta y seis el negocio de Justino había cerrado de forma definitiva.

Claro que todo acontecía mientras papá se jubilaba y mientras terminábamos la escuela para, en pleno auge de lo que mamá denominaba "aquelarre hormonal", observarnos crecer cargados de inquietud y de sorpresa, lo cual en parte explica por qué el cierre del negocio no nos impactó, y por qué, muerto ya Justino, no prestamos atención a su reapertura. Atravesábamos los tres ese período en que uno pretende borrar los recuerdos de la niñez, como si crecer se tratase sencillamente de eso.

Si Justino había recibido aquel negocio de su padre, la prima de María Rosa lo había recibido por ser ante la ley la única heredera más o menos directa de Justino.

Cierto abogado, ¿o era acaso un escribano?, le había anunciado, allá por el ochenta y nueve, que una serie de circunstancias la convertían en la feliz propietaria de ese comercio, y aun cuando su primer reflejo consistió en vender el local, su marido aconsejó que, antes de venderlo o alquilarlo, hiciera la prueba de montar una tienda, sugerencia que ella acató instalando una mercería.

Lo más irónico era que, según contaba, la prima nunca había logrado entenderse con Justino. Pero esto, que podría haberla llevado a rechazar la herencia de alguien que no gozaba de su real aprecio, esto se compensaba porque ella no sólo había adorado a María Rosa, sino que especialmente en sus últimas semanas de vida, la prima que era como una abuelita afable se había ocupado de cuidarla y contenerla, de lavarla y alimentarla con energía y paciencia dignas de la más hábil enfermera.

Viendo a la prima tan predispuesta a referirnos su historia, la acribillamos con preguntas.

La muerte de María Rosa había ocurrido en octubre del sesenta y seis, esto lo recordaba bien y nos lo informó en el acto. La mercería había abierto en julio o en agosto del noventa, de esto también se acordaba y nos lo informó gustosa, y por fin evocó el estado lamentable en que había encontrado el negocio: era como si Justino hubiese querido destruir cuanto había allí. Y si la vieja entrevista había sobrevivido tanto como un espejo oval, coagulado de telarañas, tal vez se debía a que colgaba alto y muy fuera del alcance de los puños de cualquiera, incluso de un boxeador, porque la prima de María Rosa pensaba que Justino había librado un combate cuerpo a cuerpo con su negocio.

De esto y de mucho más fue hablando la mujer sin saber muy bien, por cierto, quiénes éramos nosotros, y sin tampoco preguntarlo, quizá porque a ella esto la tenía sin cuidado.

Pero de la supuesta revancha entre el monarca y Justino ella no nos decía nada, pese al franco interrogatorio al que la sometíamos, y de a poco nos pareció, bien mirado, que ella se iba por las ramas, y así estábamos cuando la prima nos propuso que diéramos un paseo, que volviésemos para el cierre del negocio, y los tres consultamos nuestros relojes por dignidad antes que nada, puesto que cada cual había decidido de antemano que cualquier cosa era válida a fin de llenar los huecos de la historia, así que nos marchamos a dar una vuelta y perder tiempo, "valioso tiempo", hasta que la mercería cerrase sus puertas, a las siete de la tarde, y fue como retroceder dos décadas para aguardar que Justino reintegrara el reloj cautivo.

La prima nos recibió por segunda vez en su negocio, a la hora convenida, y apenas entramos cerró la puerta y luego la cortina, que no era más la antigua cortina de acero. Entonces advertimos que la acompañaba su marido, quien encarnaba una especie de guardaespaldas delgaducho.

A nosotros nos dio por pensar que la mujer había llamado a su esposo no para que la defendiera de una improbable agresión nuestra y sí para que la asistiese en el largo soliloquio que los tres queríamos imaginar que se avecinaba. La prima, no obstante, deslizó que su esposo había pasado a buscarla porque era uno de sus ritos conyugales, y que, si no nos molestaba, permanecería con nosotros mientras ella narraba lo prometido, porque no nos incomodaba su presencia, ¿no es así?, y cómo decir lo contrario.

Sólo después de arrojarle una nueva mirada al cuadro con el recorte de la entrevista, la prima arrancó diciendo que ella y otros familiares más lejanos se habían enterado en su tiempo y de manera algo abrupta del casamiento de María Rosa con ese tal Justino al que nadie, pero nadie, había visto antes, ni en un encuentro casual. Los amantes de los rumores habían basado la boda en un embarazo indeseado, como suele ser el caso, pero al saber que la novia no estaba encinta y al enterarse de quién era y sobre todo de quién había sido el novio, la prima y los demás parientes concluyeron que el enlace no tenía la bendición de los padres de María Rosa, y la prima de María Rosa concluyó que, anticipándose a los prejuicios adversos a Justino (y a su condición de púgil), la novia había preferido presentarlo, a modo de hecho consumado, recién el día de la boda.

Tras remarcar lo que ocurría a su alrededor, la prima había intentado no ser una más en el coro de voces críticas, sin embargo Justino le había caído arrogante de entrada, "la antítesis perfecta de lo que habría deseado para ella", subrayó, y con ver a su esposo enclenque e incoloro no pudimos sino asentir, y este esposo tuvo el tino de añadir que ahora, pensándolo bien, él entendía que Justino hubiese adoptado una actitud fanfarrona como forma de protegerse de esa jungla de parientes que expresaban pura animadversión.

Justino, confirmó la prima, acababa de convertirse en ex púgil al momento de la boda. La prima recordaba aún un pequeño apósito blanco suspendido como una nube sobre la ceja izquierda, accesorio que otro hombre habría llevado con incomodidad pero que el flamante esposo paseaba lleno de orgullo, como un militar intrépido enseñaría sus medallas.

Ni la prima ni el marido sabían gran cosa de boxeo, de modo que si Justino hubiese sido un púgil célebre nada habría cambiado para ellos. Al esposo le gustaban las carreras de caballos, y a la prima de María Rosa siempre le habían resultado de un raro romanticismo esas carreras de autos conocidas bajo el nombre de turismo carretera (esas en que se había matado Galíndez), y hasta aquí llegaba todo su interés por el deporte, excepción hecha de algún partido de fútbol que en ocasiones aisladas el marido seguía por radio.

En cualquier caso, el boxeo no era santo de las devociones de ambos. Y ella estimaba que su prima estaba loca al casarse con un ex púgil.

Fue inútil que María Rosa le explicase que el boxeo formaba parte del pasado o que Justino, entre diversos factores, se había retirado para "formar una familia". En su versión, y en la del esposo flacucho, Justino había dejado el boxeo al alcanzar la edad en que conviene estar al abrigo de golpes rudos. Eso del retiro "como ofrenda de amor" eran palabras bonitas, nada más.

Hubo, con todo, un momento en que el pasado de Justino pareció a punto de quedar en el olvido (o tras un piadoso manto de olvido general), pero la prima nos dijo que el boxeo empezó a resugir desde que María Rosa perdió un embarazo y, peor aún, desde que enfermó gravemente.

La prima, como hemos dicho, pasó días y noches cuidando a María Rosa, pasó a su lado acaso más horas todavía que Justino, atado a las obligaciones laborales a fin de pagar la onerosa internación y los medicamentos. En esos días, con tal de que María Rosa se distrajera un rato de la enfermedad, le hizo por vez primera preguntas a fondo acerca de su marido, y así vino ella a enterarse de que un antiguo contrincante de Justino, pese al correr de los años, vivía obcecado con la idea de una revancha. A la prima nada le dijo el apellido del monarca, ni se tomó a pecho esa historia del desquite, considerando que la enferma recibía de un tiempo a esa parte unas dosis de morfina y que ya, en otras ocasiones, había soltado frases inconexas que hacían referencia a un insecto adherido a la pared o a un animal que reptaba bajo la cama o, menos fabuloso pero también falso, a la visita de sus padres muertos poco tiempo después de la boda con Justino.

Lo curioso fue que, en menos de diez días, María Rosa volvió a aludir a esa revancha pendiente y le contó, con ojos algo humedecidos, que si bien Justino no la suponía al tanto, el otro boxeador había llegado a llamarla a ella por teléfono, deseoso de obtener su ayuda, y como Justino, al filo de los cincuenta, quería aceptar, por insensato que sonara, María Rosa no sabía qué hacer y hasta había conversado de esto con un médico a quien todos apodaban "el alemán".

La prima ahí mismo, atando cabos, rememoró que dos días antes, ingresando al hospital, había visto a Justino en una acalorada discusión con un médico de los tantos que rondaban a María Rosa.

En dicho momento, siguiendo el altercado desde lejos, ella había supuesto que Justino hablaba de la salud de su mujer, pero fue inmensa su sorpresa cuando, más próxima, captó dos o tres palabras y entendió que los hombres discutían sobre la salud de Justino de cara a un probable retorno al pugilismo.

Fuera de la mercería se iba desplomando la noche, cuando la prima nos dijo, moviendo la cabeza como si el asombro le durara, que esto en su momento ella lo había conversado con su esposo y que él había sugerido explorar por su propia cuenta, conversar con ese médico del pasillo, cuyo apellido, Krag o Kram, fue fácil de averiguar.

Cuando el esposo flacucho lo abordó, Krag no supo si responder ofendido y proteger el secreto que debe existir entre médico y paciente, o si confesarlo todo. Porque veía a Justino medio enloquecido por boxear. Porque se sentía "responsable" del regreso al pugilismo de Justino. Y es que a su juicio, y según los estudios, Justino no podía recibir un castigo contundente, pero cómo decírselo sin que le diera un rapto de ira, "salvo que usted consiga ser más persuasivo", agregó Krag.

A la prima de María Rosa ese intento de retorno le resultaba patético, ya que mientras su prima pasaba por tratamientos de variada índole, decidida a no morir o a dar combate hasta el fin, en paralelo Justino se sometía a un sencillo análisis y desoía los resultados con violenta omnipotencia, como alguien que se ofrece a morir.

De creerle al médico, Justino tenía trastornos hepáticos, no graves pero suficientes como para no volver al ring. La prima y su delgado esposo le ocultaron a María Rosa esta información. Tenían que hablar con Justino y hacerlo razonar. El hombre flaco nos relató que la charla fue tirante, muy tirante, y que Justino terminó diciéndole, con una cuota de sarcasmo que excedía lo soportable, que le agradecía mucho la preocupación pero que su rival eterno había cambiado ahora de idea, o sea que la revancha estaba cuanto menos postergada.

XV

Palabras más, palabras menos, todo esto averiguamos en la mercería, y lo que enseguida hizo el menor fue consultar el archivo del diario en que trabajaba, a ver qué asunto urgente había ocurrido justo en esa fecha para que el monarca cambiara bruscamente de parecer, siempre que ello no se tratara de una mentira de Justino que la prima y su esposo flaco repetían lo más contentos.

A simple vista saltó entonces que un par de semanas antes de la charla entre Justino y el marido de la prima, en octubre del sesenta y seis, el monarca había recibido la noticia oficial de que al fin iba a medirse con el campeón mundial de su categoría.

El resultado es conocido y marcó la segunda derrota en la vida del monarca, pero la duda que nadie pudo aclararnos es qué habría ocurrido en caso de haberse impuesto el retador, qué habría ocurrido con Justino si, en lugar de un solo jurado, al menos dos hubiesen visto al monarca como nuevo campeón mundial. ¿Hubiese persistido este con la revancha? ¿La caída había suavizado o, al revés, exacerbado sus deseos de reencontrarse con Justino?

Entre la segunda derrota del monarca y la muerte de María Rosa mediaron tan escasos días, que Justino en cierto aspecto debió pensar que ambos hechos eran las dos caras de una misma moneda.

Ni la prima ni su esposo tuvieron nunca el coraje de traer de nuevo a colación la revancha en presencia de Justino, a quien por otra parte dejaron de ver asiduamente. Nosotros creímos por años, porque nos gustaba creerlo y no porque tuviésemos pruebas reales, que tras su segunda derrota el monarca volvió a aproximarse y a rondar a Justino, y que hasta le propuso un combate, la tan mentada revancha secreta de que se habló, sólo que muerta María Rosa el veterano boxeador no encontró razones ni incentivos para decir que sí.

La prima de María Rosa nos había dicho, no obstante, que el monarca nunca había reaparecido. Según ella, Justino había envejecido a la espera de algún mensaje, aunque más no fuera un mensaje intrascendente, de su último rival. De ser así, las cuentas se habían invertido.

Aun cuando el mayor de nosotros consiguió más fotocopias, la tía Aurelia salió ganando porque jamás nos entregó la totalidad de las cartas.

Mamá murió en el dos mil uno, contenta de haber vivido en el sacrosanto año dos mil que a nosotros, la verdad, nos dejaba más que fríos, pero amargada de ver cómo la vejez le llegaba de manera acelerada.

En lo que respecta a tía Aurelia, la vimos por última vez en el entierro de mamá y la encontramos confusa, por no decir extraviada. Hacía bastante que el mayor había dejado sin efecto las visitas semanales porque, entre él y la tía, todo había conducido a un altercado no tan furibundo como los conflictos entre Aurelia y mamá o incluso entre Aurelia y Berta, pero sí lo bastante subido de tono como para que Aurelia exclamara que esa limosna semanal él podía metérsela en un bolsillo o en un sitio peor, ya que de cualquier forma ella se resistía a entregar las cartas pendientes, cartas que daban una impresión equivocada de Berta: la imagen falaz de una mujer consagrada a la fe cristiana, cuando tía Aurelia sabía bien que no era así ya que su hermana había pecado con Justino.

Todo esto había exclamado fuera de sí Aurelia unos seis años atrás, pero en pleno entierro de mamá la vimos calma y casi no nos asombró que saludase con afecto al mayor de nosotros tres y con una pizca menor de afecto a los otros dos, de los cuales uno estuvo a punto de recriminarle que hiciera estas diferencias, y tampoco nos asombró verla allí, firme a un paso del féretro de madera, pese a que mamá y ella nunca habían sabido resolver su controversia, pero en su defecto lo que nos sorprendió fue que al término del entierro ella se acercara a nosotros y de paso a la prima cuervo, que no nos perdía pisada, toda de negro de la cabeza a los pies, y nos dijese que planeaba radicarse muy lejos de la ciudad para vivir en calma sus últimos años.

No la tomamos en serio porque, tan arrugada y tiesa y débil como se veía, una mudanza era imposible, y agreguemos que en la familia Hernández nadie se había mudado en el último siglo a más de mil o a lo sumo dos mil metros de un supuesto punto central encarnado por la casona de los abuelos maternos.

La prima cuervo quiso saber por qué Aurelia se marchaba y a qué ciudad planeaba irse, teniendo en cuenta que tía Aurelia había hablado de irse lejos sin precisar si lejos dentro o lejos fuera del país. "Lejos para olvidar", contestó nuestra tía y nadie pudo conseguir que desarrollara la frase.

Una semana después y tras una charla en conjunto, el mayor llamó a la tía Aurelia por teléfono y le propuso una visita amistosa. Más que las cartas de Justino, que a esta altura habíamos dado por perdidas, nos movía el anhelo de ver de nuevo el reloj catedral y la habitación de la tía y, ante todo, la cama elástica a fuerza de tantos saltos, y que según el mayor de nosotros aún se hallaba ahí.

La tía nos dijo, o sea, le dijo al mayor, que se sentía mal, pidió que la visitáramos un mes después y hasta nos dio una cita como, más que una enferma, un médico atareadísimo. Llegada la fecha acudimos en comitiva los tres, y el de nosotros que no cargaba las flores ni la caja con los bombones, vale decir el que tenía las manos libres, llamó al portero eléctrico y una extraña voz masculina dijo: "Hola" para nuestro desconcierto, así que volvimos a timbrar suponiendo que todo era un simple error, como una de esas llamadas telefónicas que antaño se ligaban, pero de nuevo la misma voz dijo: "Hola" y agregó: "Hola hola hola", y al explicar que buscábamos a una tía la voz amplió su repertorio y dijo que ya bajaba, cosa que fue así, en efecto, porque un tipo bastante joven, casi tanto como nosotros, apareció y nos estrechó la mano y no pudo evitar una ojeada al ramo de flores, antes de indicar que acababa de mudarse allí hacía apenas dos semanas, por haberle comprado el departamento, o sea la casa de las tías, a nuestra tía.

Podríamos habernos enfadado con ella, pero en ningún caso con él, porque en teoría parte de ese departamento era de mamá y nos correspondía como herederos que éramos, pero el tipo ese no tenía nada que ver con nuestros asuntos de herencia y, además, el asombro que nos iba ganando era muy muy superior a cualquier otra reacción.

Todo habría terminado ahí mismo de no ser porque el tipo, educado y gentil, nos invitó a subir para echarle una mirada a la casa, siempre que nos interesara y sí, le dijimos, nos interesaba.

En esa época, es decir el dos mil dos, todo el mundo en la ciudad andaba muerto de miedo, culpa de la inseguridad, así que a nosotros nos pareció muy raro que aquel tipo, lo más confiado, nos invitase a subir, pero ya en el ascensor dijo que nuestra tía le había hablado acerca de sus sobrinos y que en broma él había contestado: "Sí, tres sobrinos como los del pato Donald", sólo que la tía no había festejado el chiste o acaso no lo había entendido y la verdad es que nosotros, si nos reímos, fue por mera cortesía.

El departamento estaba aún amueblado como en tiempos de tía Aurelia. Ella había querido partir "lo más liviana", o eso al menos le había dicho al comprador. Y el tipo, recién instalado, no había tenido tiempo de ninguna modificación.

Al ver nuestra sorpresa el tipo nos dijo que en tres semanas pondría orden, pero que de interesarnos algún objeto, algún recuerdo de familia, podíamos pedírselo. Sin embargo para entonces habíamos notado ya que el reloj catedral faltaba o que al menos no se hallaba visible por ningún rincón, y la verdad es que nada nos importaba mucho exceptuando esa reliquia y exceptuando la vieja cama, arrumbada junto a un armario, aunque no se nos cruzó por la cabeza llevárnosla, ¿con qué motivo valedero?

Al mayor de nosotros le dio de pronto por ser directo y le preguntó al nuevo dueño si no había visto un reloj. El tipo, tras decir que no, pareció dudar un poco y, entrecerrando los párpados, rumió que en rigor creía recordar un reloj, sí, uno "grande y parecido a una iglesia", dijo, de su primera visita aún en rol de comprador, y recordaba que el agente inmobiliario le había soltado a Aurelia un comentario referido a que estaba sin cuerda, inmóvil.

A un año de aquella tarde en el departamento de las tías, o sea en abril o mayo de dos mil tres, llegó una carta de Aurelia remitida al mayor por fuera porque el sobre estaba a su nombre, pero dirigida a nosotros tres por dentro porque la hoja manuscrita decía: "Queridos sobrinos: aquí les envío otra copia aunque no la que esperaban, con toda seguridad", y ahí terminaba la carta, pero dentro del sobre encontramos igualmente una minúscula llave que, sin decirlo en voz alta, los tres comprendimos a un tiempo era una copia de la llavecita del reloj catedral.

La carta había sido enviada a través de un correo privado y, por más que intentamos que los de la empresa nos dieran la dirección de nuestra tía, ellos argumentaron que no podían desacatar a un cliente deseoso de privacidad.

Qué quiso decir la tía mandándonos esa llave es algo en torno a lo que nunca pudimos ponernos de acuerdo.

Uno de nosotros creyó que la tía enviaba la llave como modo de probar que Justino finalmente se la había entregado a Berta y que, en definitiva, esto daría a entender que a modo de contrapartida hubo algo que tía Berta le entregó a Justino.

Otro pensó, por el contrario, que el envío era para decir que Justino y Aurelia habían vuelto a verse después de fallecida Berta, y que esa llave conformaba la evidencia de que la hermana menor logró eso que la mayor no supo o no quiso conseguir.

En todo caso la sinuosa llavecita nos transportó de repente a los días de nuestra infancia y en vano aguardamos por semanas y meses a que Aurelia nos enviase al menos una carta más o nos diera cualquier clase de señal, porque no fue hasta septiembre de dos mil tres cuando por fin nos llegaron noticias suyas.

De inmediato comprendimos, sin embargo, que las noticias no podían ser las mejores porque la prima cuervo era la portadora y, para dárnoslas, desplegaba otra vez su vuelo oscuro. En efecto, la tía Aurelia había sido encontrada muerta en su nuevo domicilio, que no era sino un hotel pobre, una suerte de inquilinato. Había muerto plácidamente en una estrechísima cama, y a un costado de esta cama, sobre la mesita de noche, había sido hallado un sobre que no encerraba otra llave, sino una hoja con el nombre y los datos de nuestra inmortal prima cuervo.

Como es normal, la prima cuervo exigió vernos y acudió toda de luto, a no ser que viviese vestida de negro, y como es normal también le preguntamos en qué punto del planeta o del país había muerto nuestra tía.

No fue tan desconcertante, no tanto como debía serlo, oírle decir a la prima cuervo que Aurelia había muerto en un hotelito a metros de su domicilio previo y que, de hecho, todo le hacía suponer que nunca se había trasladado lejos de allí. Claro que la prima cuervo, apenas hubo soltado esto, pegó una especie de respingo y, anticipándose a la reacción que sin duda destilaban nuestros ojos, aseguró con una voz tan lóbrega como sus ropas que "no sabía nada de nada, lo juro", y hasta parecía perpleja porque, al igual que nosotros, se había creído lo del viaje de tía Aurelia, caso contrario y de haber sospechado algo nos lo habría hecho saber.

Mientras velaban a la tía, horas después, decidimos averiguar si allí en el cuarto del hotel donde había muerto era factible hallar el reloj o quizá las cartas faltantes. Pero aquí corresponde ahorrar todo suspenso e ir al grano: más que diminuto, su cuarto era similar a una celda y había tan sólo un ajuar indispensable, como si Aurelia, tras consumar al fin su tiabertación, hubiese formulado un voto de pobreza. Imposible dar allí con lo que buscábamos tanto.

XVI

Un nuevo encuentro con la prima cuervo se hacía imprescindible, más cuando ella nos invitó, a principios de dos mil cuatro, diciendo que debía entregarnos "unas cosas", así que un sábado nos vimos ocupando los tres un muy largo sillón negro que resaltaba contra unas blancas cortinas pespunteadas, el del medio de nosotros, como cuadra, sentado entre los otros dos, mientras ella, la prima cuervo, personificación de la palabra luto, abría con gesto enternecido una caja de zapatos o zapatillas y nos enseñaba las pocas pertenencias de tía Aurelia que en su momento, hacía muy contados meses, había hallado en la piecita al presentarse convocada de urgencia por el dueño de aquel hotel y por unos policías para reconocer el cadáver de Aurelia.

En la caja de zapatos, pero ya sin ningún lazo, más bien en aciago desorden, vimos las cartas de Justino a la tía Berta, y fue imposible no echarle miradas inquisitivas a la anciana prima cuervo porque nos parecía fuera de discusión que ella había leído esas cartas, pese a la cara de piedra tras la cual se abroquelaba, y sin embargo ahí mismo ella, como si adivinase lo que cavilábamos, dejó caer: "No sé qué hay en estos papeles, no me tomé la molestia de examinarlos", y de inmediato, antes de que pudiéramos retrucar nada, metió ambas manos en la caja y como quien saca un bebé de una cuna, con cautela de no interrumpir su sueño, sacó una vieja muñeca que, fuera de toda duda, era la famosa muñeca de la discordia entre su madre y la abuela: la muñeca alguna vez con cráneo de porcelana, otra vez con melena larga, pero desde años condenada a una imponente cabeza de madera.

En las cartas que nos llevamos aquel día no encontramos ni un solo dato para completar la historia, y así se fueron escabullendo los días, sin mayores novedades, salvo que el menor de nosotros vio cumplirse al fin el anhelo de ser periodista profesional, anhelo que se hizo real no bien le comunicaron que pasaba del archivo a la redacción, al área de policiales, pero en total eso fue cuanto sucedió por un buen tiempo, hasta que al cabo de unos seis o siete meses al mayor fue a buscarlo una estudiante de historia que preparaba un trabajo, su tesis universitaria, sobre el Congreso en los años de dictadura y, al enterarse de que papá había cumplido allí tareas en los setenta, al saber esto la joven pidió hablar con nuestro hermano, y aun cuando este quiso esquivar cualquier encuentro resultó luego que la estudiante era alumna de un antiguo condiscípulo de él, de modo tal que la entrevista se efectuó, pero lo raro no fue eso, lo raro fue que nuestro hermano, monologando ante el grabador que la joven puso en la mesa del café donde transcurrió la cita, de forma tal que la rejilla plástica del micrófono incorporado se orientase hacia él, lo raro fue que nuestro hermano empezó contando sus recuerdos exactos del Congreso, siguió hablando de las reuniones celebradas ahí en plena dictadura, y una cosa llevó a la otra, y luego de precisar que nuestro padre cumplía labores "apolíticas" o no más que "administrativas", y tras explicar asimismo, si bien nadie había exigido explicaciones, que a papá le era necesario conservar un puesto así porque tenía tres hijos y una esposa que no trabajaba, un ama de casa a la antigua, tras esto el mayor se puso a contar otra vez, aunque modificándolo, el célebre, para nosotros, episodio de Brasil. Podría haberlo soslayado, claro que sí. No era lo que venía a preguntar la estudiante. Sin embargo, sintió el impulso de reescribir lo peor de ese episodio y así fue que ahora, en su versión, papá ayudaba a los dos argentinos de Brasil, y cuando los otros hermanos oímos su nueva versión, la misma que había registrado el grabador, en voz alta meditamos que el nuevo final, falso y todo, le hacía justicia a nuestro padre, tanta justicia que sonaba verosímil, como el epílogo de la historia boxística de Justino o, más aún, como la carta que papá, con ese don de inventar razonablemente, había enviado denunciando al prometido de Berta, carta falsa pero lo bastante llena de verdades.

Más de una vez el menor había prometido que, tan pronto hiciera sus primeras armas periodísticas, escribiría sobre el misterio del monarca, de cuyo paradero nada se sabía, porque unos rumoreaban que vivía recluido en un monasterio de Córdoba, y otros preferían repetir que había cambiado de nombre y habitaba lejos, en la Patagonia. El menor de nosotros tenía bien presente la promesa, sólo que no lograba entusiasmar con ella a sus jefes de redacción. El monarca era para algunos una leyenda olvidada, un ídolo de tantos caídos en desuso. Para otros, que llegaban a entusiasmarse sólo un poco, la pesquisa era imposible de costear. Para colmo nuestro hermano confesaba, siendo honesto, no tener pistas para empezar la busca.

La noticia de la muerte del monarca, anunciada sin clamores en febrero de dos mil cinco, deprimió al menor de nosotros y produjo en los otros dos una mezcla de emociones: pena y nostalgia, pero igualmente sorpresa, porque justo en la víspera, a miles de kilómetros, en Alemania, había fallecido Max Schmeling, el pugilista a quien Krag rendía pleitesía.

Según contaban los diarios, Schmeling había muerto con noventa y nueve años e iba a recibir sepultura en su ciudad natal de Hollenstedt. En cuanto al monarca, en cambio, no habían hallado su cuerpo ni en la Patagonia ni en Córdoba, sino en una isla del Tigre, algo no tan distinto al caso de tía Aurelia, porque estaba más cerca de lo pensado y la escueta información (verdad que el monarca era, a esta altura, una leyenda olvidada) no solamente precisaba que alguien, "su joven mujer", había difundido la muerte, sino que recordaba además que el otrora campeón nacional y "casi campeón mundial" había resuelto recluirse, cortar los lazos habituales, después de haber sufrido, allá por el año setenta y uno, la última de sus tres derrotas, frente a un rival trece o catorce años más joven, en la que se había promovido como su pelea final.

No habían pasado dos semanas del anuncio de la muerte del monarca cuando el del medio de nosotros, con la voz un tanto agitada, exigió vernos "cuanto antes", no en su casa, o sea en la que era y había sido la casa de nuestros padres, ni en ninguno de los sitios donde solíamos citarnos, sino en un lugar cuya precisa dirección nos deletreó por teléfono.

El lugar resultó la tienda de antigüedades del barrio (el "cambalache", le decía mamá) que desde décadas se hallaba a metros del hogar paterno.

Nuestro hermano hablaba afablemente con un hombre que, enseguida lo supimos, era el dueño de la tienda, un hombre de baja estatura, pálido como un cadáver y peinado al agua con una espantosa raya al medio. Pese a que los otros hermanos arribamos apenas minutos antes de la hora convenida, él parecía llevar allí casi el día entero, porque esa misma mañana, rumbo al laboratorio donde trabajaba, había alcanzado a vislumbrar, por el rabillo, que en la indescifrable vidriera de esa tienda de antigüedades, en el conglomerado de muebles y adornos, se destacaba con claridad, al menos para alguien como él, un reloj que, si no era el reloj catedral, era una réplica admirable.

Sobra decir que nuestro hermano entró en la tienda, pidió examinar el objeto y, sin tiempo ni calma para decidir si era o no el reloj de su infancia, dejó un dinero, una "seña", y nos llamó a nosotros dos con el objeto de un peritaje en conjunto.

Antes que nada un comerciante, el dueño de la tienda pretendía ahora que, vaya ironía, otro cliente había intentado comprar justo ese reloj cuarenta minutos después de que el del medio abandonara el lugar, y aunque nuestro hermano le había prometido que "en caso de ser otro reloj, usted se queda con la seña" (propuesta de por sí generosa, admitamos), el de la tienda alegaba que había perdido una venta por no faltar a su palabra y que, por lo tanto, sí o sí, se debía cerrar la compra. En fin, en esta discusión se hallaban él y nuestro hermano cuando los otros dos llegamos, y el mayor, con la autoridad que le conferían los dos años de recuerdos que llevaba de ventaja, no tuvo que acercarse mucho para gritar, con una especie de sonrisa victoriosa: "¡No hay dudas, es el reloj!".

Ver asegurada la venta hizo que el hombre, satisfecho, nos diera charla abundante, mientras con suma torpeza trataba de envolver en papel de regalo ese artefacto que, sólo por sus contornos angulosos, parecía adverso a sus manos. Fue entonces cuando el del medio, como al azar y dándonos la espalda, dijo: "Falta algo, por favor, señor Mendoza, cuéntenos cómo este reloj apareció acá", y Mendoza, es decir, el dueño de la tienda, describió a una mujer de unos setenta y pico que lo había visitado poco tiempo atrás y que había llamado su atención porque vestía toda de negro, "como una viuda", resumió.

Cargando el reloj catedral comprendimos que, incluso de haber evaluado las probabilidades de ser descubierta, había razones evidentes para que la prima cuervo hubiera optado por la tienda de antigüedades más próxima a su casa, a nuestras casas, e incluso al hotelito pobre. La más evidente de todas: lo mucho que pesaba el reloj.

Para esa solemne ocasión en que el reloj volvía al seno de la familia, decidimos exhumar de su olorosa custodia de naftalina el viejo mantel de hilo blanco. Lo extendimos con premura, después de haberlo desdoblado con no menos precaución, y así el reloj, en su metálica quietud, terminó olímpicamente sobre lo que era otro regalo, como él, de bodas, salvo que de los cuatro cónyuges, de la abuela y el abuelo en lo que respecta al reloj, y de mamá y papá en lo que atañe al mantel, no quedaba ya otra cosa exceptuando nuestra nostalgia, que tal vez apestaba a naftalina más que ese mantel, y puede que esto enturbiase lo que tendría que haber sido una velada muy muy feliz o puede que más la enturbiara el anuncio hecho de pronto por el del medio de nosotros, al tiempo que iba en busca de la llavecita, porque el del medio dijo sin el menor prolegómeno que en semanas se marchaba a vivir a España, no a la Asturias natal del abuelo Hernández, sino a Mallorca, a terminar gracias a una especie de beca cierta investigación en que andaba metido desde años, y por fin, pensamos los tres de manera simultánea, aunque sin decírnoslo, por fin alguien de la familia iría a trascender las apretadas fronteras de las últimas décadas, o más bien del último siglo, y no lo sabíamos aún pero aquella fue la última ocasión en que los tres estuvimos juntos, porque el del medio se fue cumpliendo su anuncio, se estableció a orillas del mar Mediterráneo, en pleno centro de Palma de Mallorca, y el mayor enfermó después, a fines de dos mil cinco, y no hubo nadie para reescribir su historia como él hiciera con papá, y todo habría sido, al menos por esa noche, perfecto y redondo y "soñado", como decía nuestra madre poniendo los ojos en blanco, sólo que al meter la llave y darle la cuerda que le era necesaria, el reloj se mantuvo inmóvil, muy muy indiferente a las expectativas, como burlón, como rebelde, es más, como empeñado en mantener, incluso a un precio cruel, la autonomía que lo había vuelto, en la familia, legendario.

Librería **norma**.com

Uno de los portales de libros
más visitados en idioma español.

Regístrese y compre todos sus libros en
www.librerianorma.com y reciba grandes beneficios.